Lerne BÖHMISCH Watten & Grasobern

Eine Spielanleitung für Anfänger

von Erich Rohrmayer

AF556588

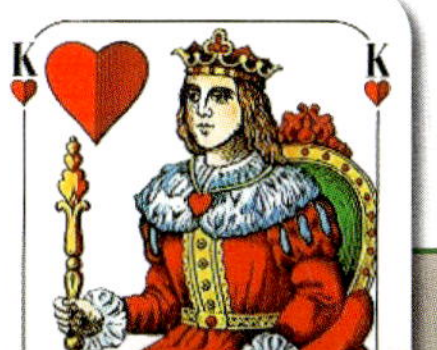
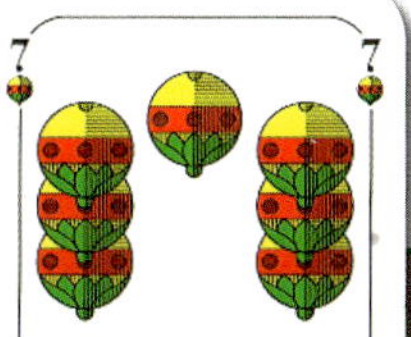
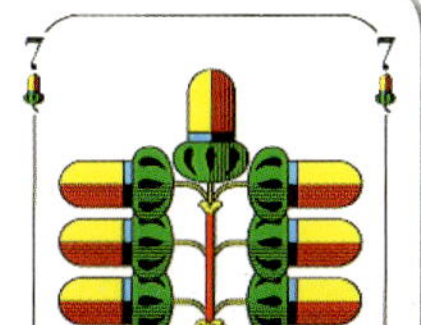
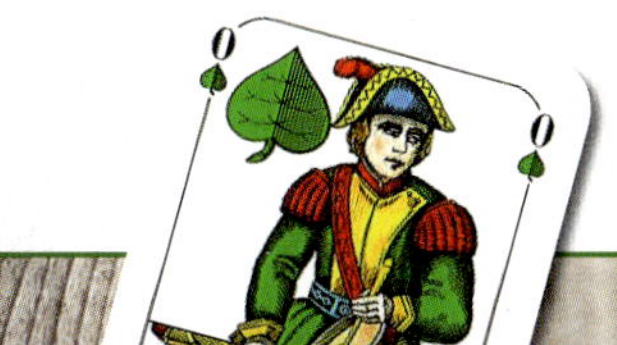

Vorwort

Warum ein Lehrbuch für Böhmisch Watten und Grasobern?

Lieber Leser,

neben dem Schafkopf, dem Watten und dem Wallachen gehören das Böhmisch Watten und das Grasobern zu den am meisten verbreiteten Kartenspielen in Altbayern und waren damit über Generationen hinweg aus der bayerischen Wirtshauskultur nicht wegzudenken.

Obwohl sie großen Spaß machen, werden Böhmisch Watten und Grasobern heute kaum noch gespielt und sind somit vom Aussterben bedroht. Ich hoffe, ich kann mit diesem Buch einen Beitrag dazu leisten, das Wissen über diese wunderschönen Spiele weiterzutragen und neue Spieler dafür zu begeistern.

Obwohl sie aufgrund ihrer Spielregeln vergleichsweise einfache und leicht erlernbare Kartenspiele zu sein scheinen, zeigt allein schon die Seitenzahl dieses Buches, dass auch diese Spiele jede Menge Feinheiten besitzen. Für den Fall, dass Sie aber niemanden finden, der sie Ihnen beibringt, oder Sie sie einfach im Selbststudium erlernen möchten, habe ich dieses Buch geschrieben.

Bei meinen Recherchen zu diesem Buch ist mir aufgefallen, dass es, abgesehen von einigen Kurzbeschreibungen, kein einziges Buch über diese Spiele gibt. Es ist also an der Zeit, diese Kartenspiele einmal in ihrer Gänze zu dokumentieren …

Im gesamten Text spreche ich von „dem Spieler" in männlicher Form. Dies ist in der deutschen Rechtschreibung nun mal so. Selbstverständlich ist auch „die Spielerin" sehr herzlich eingeladen, Böhmisch Watten und Grasobern zu erlernen. Die Feministinnen unter Ihnen bitte ich daher um Verständnis, wenn ich aus Gründen der Vereinfachung „der Spieler/die Spielerin" mit der männlichen Form abkürze.

Des Weiteren verwende ich als Geschlecht für die Karte „Ass" statt der hochdeutschen sächlichen Form („das Ass") die weibliche Form („die Ass"), wie es in der überwiegend bayerischen Sprache der Wirtshaus-Kartenspieler üblich ist.

Für Ihr Interesse bedanke ich mich sehr herzlich und wünsche Ihnen viel Spaß beim Lernen!

Ihr

Erich Rohrmayer

Impressum

www.rohrmayer.de

1. Auflage 2017 © Buch- und Kunstverlag Oberpfalz in der Battenberg Gietl Verlag GmbH,
93128 Regenstauf
Alle Rechte vorbehalten. Nachdruck, auch auszugsweise, nur mit vorheriger Genehmigung.
Satz/Druck: Plano Print GmbH, 84069 Schierling
ISBN: 978-3-95587-056-0

Der Autor

Über mich

Aufgewachsen in einem (damals) niederbayerischen Wirtshaus, bin ich bereits als kleiner Bub sehr intensiv mit den verschiedensten Kartenspielen in Berührung gekommen. Wie lange ich nur zugeschaut habe und wann ich angefangen habe, selbst zu spielen, kann ich heute nicht mehr genau sagen. Geschätzt bin ich aber sicher etwa 40 Jahre mehr oder weniger oft als Kartenspieler aktiv.

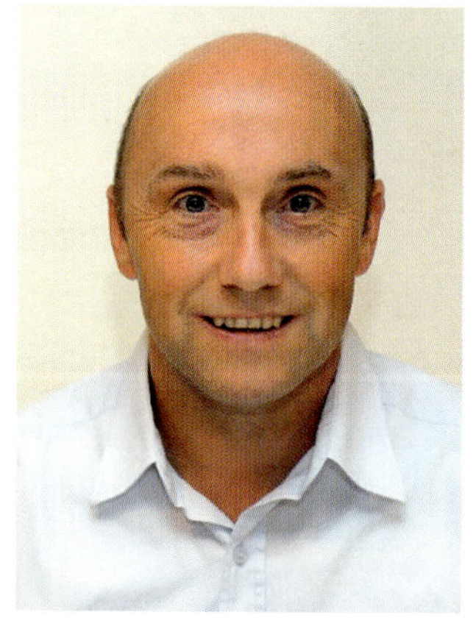

Neben der jahrzehntelangen Erfahrung im Kartenspielen zähle ich auch eine Ausbildung in Moderation und Präsentation zu meinen Qualifikationen, so dass ich mich geeignet fühle, Ihnen diese Spiele in professioneller Weise beizubringen.

Aktuelle Informationen über meine Aktivitäten im Bereich der bayerischen Wirtshaus-Kartenspiele finden Sie auf meiner Homepage www.rohrmayer.de.

Lerne BÖHMISCH Watten

Teil 1

Seite 5 – 38

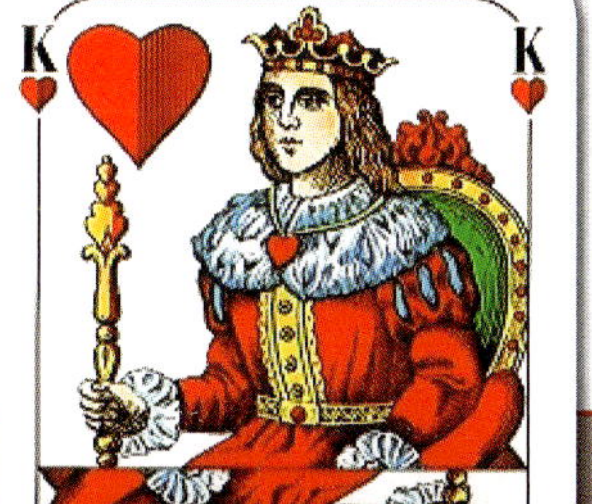

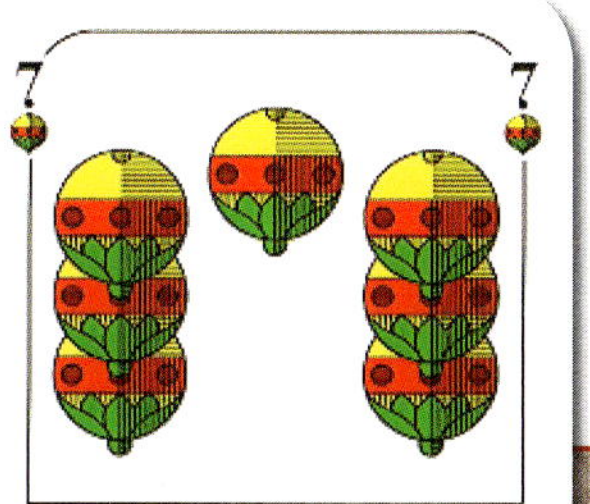

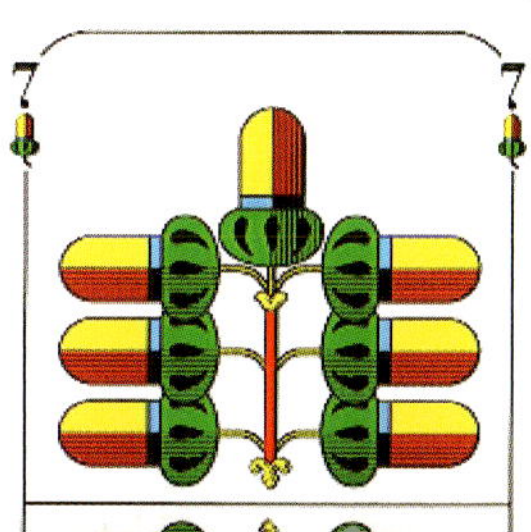

Inhaltsverzeichnis

1. Einführung

Allgemeines über das Böhmisch Watten und Ziel dieses Buches

Bevor Sie mit dem eigentlichen Spiel beginnen, hier ein paar wissenswerte Informationen für Sie darüber, worum es beim Böhmisch Watten geht und wie Sie mit Hilfe dieses Buches am besten vorgehen.

1.1. Allgemeines

Der Name des Spiels

Bei Böhmisch Watten handelt es sich um eine Abwandlung des bekannten Kartenspiels Watten. Zum Namen dieses Spiels liefert die Internet-Seite www.wattn.com die plausibelste Erklärung: „Watten hat seinen Namen offensichtlich vom italienischen battere, was schlagen oder klopfen bedeutet. Darauf hat der Tiroler Heimatforscher ‚Hans Fink' hingewiesen und nennt als Beweis den heute noch bei den Dolomiten-Ladinern gebräuchlichen Namen ‚Battadu' für ‚Watten'. Im sprachlichen Übergangsgebiet des Bozner Unterlandes … bekam die Grundform batten einen ‚deutschen Kopf' verpasst, nämlich ein ‚W' (das es im Italienischen nicht gibt) anstatt des ‚B'."[1]

Über die Herkunft des Zusatzes „Böhmisch" und darüber, wie lange es das Spiel schon gibt, konnte ich leider keine Quellen finden.

1.2. Ziel des Buches

Welche Elemente Sie erlernen können

Mit diesem Buch möchte ich Ihnen die Regeln und Spielweise des Böhmisch Wattens soweit vermitteln, dass Sie in der Lage sind, ein Spiel gegen einen oder mehrere Gegner aufnehmen zu können. Dazu ist es am Anfang wichtig, erst einmal die Grundbegriffe und -regeln sowie den Ablauf eines Spiels kennenzulernen.

Anschließend erkläre ich Ihnen die wichtigsten Strategien, um ein Spiel zu gewinnen.

1.3. Aufbau

Wie Sie am besten vorgehen

Dieses Buch ist so aufgebaut, dass Sie es einfach von vorne nach hinten durchlesen können. Nachdem Sie einmal durch sind, eignet es sich aber auch als Nachschlagewerk, um jederzeit einzelne Punkte nachzulesen.

2.1. Voraussetzungen

Was Sie vor Beginn wissen sollten

Um Böhmisch Watten mit diesem Buch erlernen zu können, sind nur sehr wenige Vorkenntnisse notwendig. Wichtig ist vor allen Dingen, dass Sie die 32 Karten eines bayerischen Kartenspiels, also die vier Farben Eichel, Gras, Herz und Schellen sowie die acht Kartenwerte kennen.

In der folgenden Abbildung sehen Sie die Kartenwerte Sieben, Acht, Neun, Zehn, Unter, Ober, König und Ass am Beispiel der Farbe Eichel:

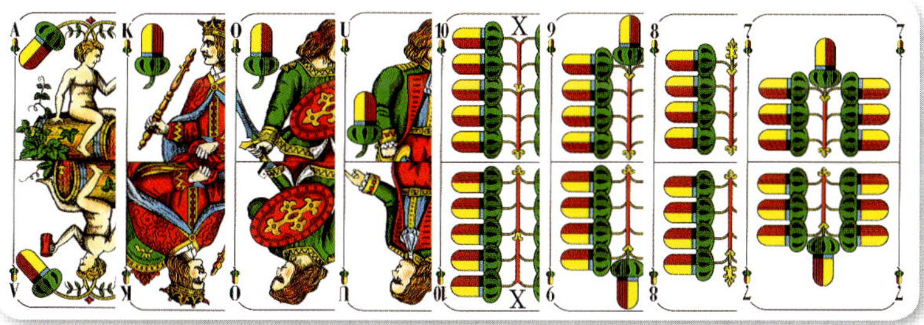

Weitere Kenntnisse setze ich nicht voraus. Hilfreich ist es, z.B. von einem anderen Kartenspiel zu wissen, was ein „Stich“ ist. Falls Sie diesen Begriff nicht kennen, müssen Sie sich trotzdem keine Sorgen machen. Er wird in Kapitel 5, Der Gang eines Spiels, näher erläutert.

Und natürlich können Sie das Böhmisch Watten schneller lernen bzw. einige Seiten dieses Buches überspringen, wenn Sie schon das „normale“ Watten kennen.

2.2. Kategorie

Was am Ende eines Spiels zählt

Das Böhmisch Watten gehört zur Kategorie der Stichspiele. Denn einzig und allein die Anzahl der erzielten Stiche entscheidet über Gewinn und Verlust eines Spiels.

Im Gegensatz zu den Punkte- oder Augenspielen (z. B. Schafkopfen) sind den Karten hier keine Punkte (Augen) zugeordnet.

2.3. Anzahl der Spieler

Wie viele Spieler man braucht

Böhmisch Watten können Sie zu zweit, zu dritt oder zu viert spielen. Unabhängig von der Anzahl der Spieler erhält jeder von ihnen fünf Karten.

2.4. Die drei Kritischen

Wie Herz-König, Schellen-Sieben und Eichel-Sieben noch heißen

Der Herz-König, die Schellen-Sieben und die Eichel-Sieben haben beim Böhmisch Watten besondere Namen, die Sie sich unbedingt von Beginn an gut einprägen müssen:

- Der Herz-König heißt auch der „Max“ (bzw. „Maxl“, „Maler“ oder „Voda“).
- Die Schellen-Sieben heißt auch der „Belle“ (bzw. „Weli“, „Belli“ oder „Bölle“).
- Die Eichel-Sieben heißt auch der „Spitz“ (bzw. „Seuchl“, „Soach“ oder „Bise“).

Der Max **Der Belle** **Der Spitz**

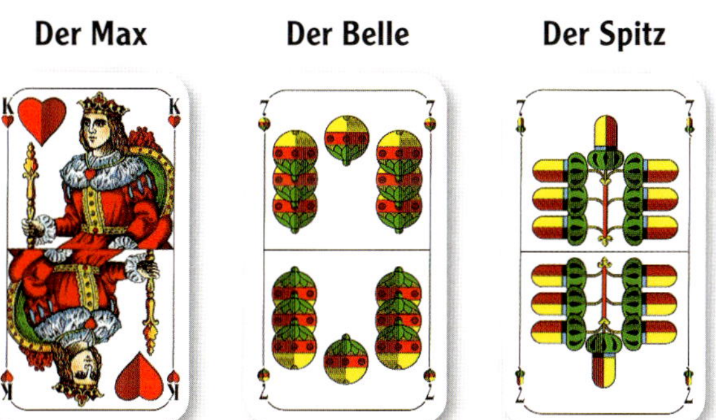

Jede dieser drei Karten ist ein sogenannter „Kritischer“ und zusammen werden sie auch „die drei Kritischen“ genannt. Da sie in jedem Spiel die höchsten drei Trümpfe darstellen, ist es wichtig, sich diese drei Karten gut zu merken. Zusammen werden sie auch die „Maschine“ genannt.

2.5. Ziel des Spiels

Wann ein Spiel gewonnen ist

Jeder spielt gegen jeden und versucht, so viele Stiche wie möglich zu machen. Die in den Einzelspielen erzielten Stiche jedes Spielers werden auf einem Zettel notiert, indem sie vom aktuellen Spielstand abgezogen werden. Ausgehend von der Punktezahl 20 versucht jeder Spieler, so schnell wie möglich auf die Punktezahl Null zu kommen. Der Spieler, der diese Marke zuerst erreicht hat, ist der Gesamtsieger.

Erzielt ein Spieler keinen Stich, werden ihm fünf Punkte draufgeschlagen.

Eine Besonderheit gibt es bei der Trumpf-Farbe Herz: Die zu vergebenden Punkte werden verdoppelt. Das heißt, pro erzieltem Stich werden zwei Punkte abgezogen. Entsprechend werden zehn Punkte hinzugefügt, wenn ein Spieler keinen Stich macht.

Aufgrund dieser Regelung wird Böhmisch Watten im Volksmund auch „Herunterschreiben" genannt.

Bei meinen Recherchen zu diesem Buch habe ich die folgende Variante gefunden: In manchen Regionen muss die Punktezahl Null exakt erreicht werden. „Hat ein Spieler in einem Spiel mehr Stiche gemacht, als er noch Punkte hatte, wird der Unterschied zum ursprünglichen Punktestand addiert."[2] Persönlich habe ich diese Option im Zusammenhang mit Böhmisch Watten zwar nie kennengelernt, finde sie aber interessant und möchte sie auf keinen Fall unerwähnt lassen.

Die vier Phasen

Jedes Spiel besteht aus den folgenden vier Phasen:

- Phase 1: Verteilen der Karten
- Phase 2: Austauschen von Karten oder Aussteigen
- Phase 3: (Eigentliches) Spiel
- Phase 4: Notieren des Spielergebnisses

3.1. Das Verteilen der Karten

Phase 1

Wie bei jedem anderen Kartenspiel müssen auch beim Böhmisch Watten zuerst die Karten verteilt werden. Bevor es aber dazu überhaupt kommen kann, gibt es noch einige andere Dinge zu beachten, die Sie in den folgenden Abschnitten finden.

Hinweis: Wie das Verteilen der Karten im Detail funktioniert, beschreibe ich im Folgenden am Beispiel von vier Spielern. Ich nenne sie Spieler A bis D. Bei einer anderen Anzahl von Spielern sind die Regeln und Vorgehensweisen analog!

3.1.1. Die Sitzverteilung

Wer welche Rolle einnimmt

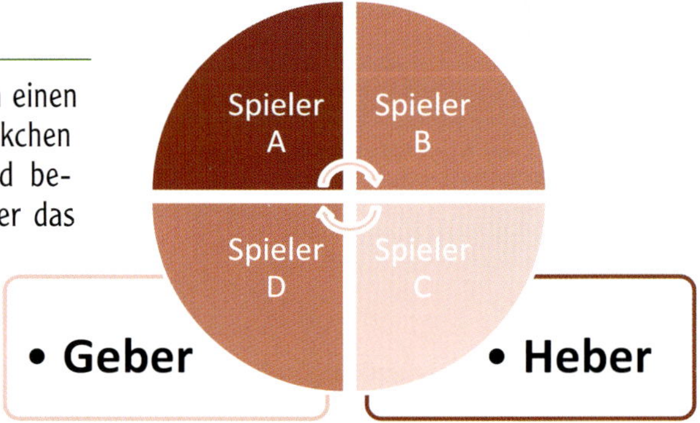

Zum Böhmisch Watten setzen sich die Spieler an einen Tisch mit Blick zueinander und nehmen ein Päckchen bayerischer Spielkarten zur Hand. Anschließend bestimmen die Spieler einen aus ihren Reihen, der das erste Spiel gibt. Zwei häufig praktizierte Methoden hierfür sind: das Lebensalter („der Jüngste gibt“) oder Abheben („die höchste Karte gibt“). In unserem Beispiel ist es Spieler D, der mit dem Ausgeben beginnt.

Spieler A
Spieler B
Spieler D
Spieler C
• Geber
• Heber

Dazu mischt er die 32 Karten und legt sie dann seinem rechten Nachbarn (dem „Heber“, in unserem Beispiel Spieler C) verdeckt zum Abheben auf den Tisch.

3.1.2. Das Abheben

Wenn es ein Kritischer ist

Da das Abheben beim Böhmisch Watten eine besondere Prozedur darstellt und es sich schon vor dem Spiel entscheidend auf das Ergebnis auswirken kann, widme ich diesem eigentlich einfachen Vorgang einen eigenen Abschnitt. Es beginnt damit, dass der Heber einmal abhebt. Das heißt, er nimmt einen Teil der Karten vom Stapel. Bevor er den abgehobenen Teil der Karten neben den anderen Karten wieder auf den Tisch legt, dreht er ihn zu sich und schaut die nun sichtbare Karte an. Möglich ist es auch, den gesamten Stapel zu nehmen und damit sozusagen die unterste Karte abzuheben.

An dieser Stelle kommt eine besondere Komponente ins Spiel. Denn es gibt mehrere verschiedene Fälle:

1) Handelt es sich bei dieser abgehobenen Karte um **keinen** der Kritischen, legt der Heber einfach den abgehobenen Teil der Karten neben dem anderen Stapel wieder auf den Tisch. Der Geber nimmt die liegengebliebenen Karten und legt sie auf den abgehobenen Teil der Karten.

2) Handelt es sich bei dieser abgehobenen Karte jedoch um **einen** der Kritischen, darf (muss aber nicht) der Heber diese Karte zu sich nehmen und diesen Kritischen beim folgenden Spiel als Trumpf verwenden.

   a. Handelt es sich bei der nächsten sichtbare Karte des abgehobenen Stapels erneut um einen Kritischen, erhält ihn der Geber. Merkt der Heber, dass sein abgehobener Kritischer niedriger ist als der, den der Geber erhalten würde, darf er auch auf seinen Kritischen verzichten.

   b. Ist schließlich auch noch die dritte sichtbare Karte ein Kritischer, wird sie wiederum dem Heber zugesprochen.

Der Geber nimmt schließlich, falls vorhanden, die liegengebliebenen Karten und legt sie auf den abgehobenen Teil der Karten. Damit ist der Abhebevorgang abgeschlossen.

Zusammenfassung: Bereits beim Abheben können alle drei Kritischen verteilt werden, und zwar in der Reihenfolge Heber – Geber – Heber. „Verzichtet der Abhebende auf sein Entnahmerecht, ist dies auch für den Geber aufgehoben.“[3]

Hinweis: In manchen Gegenden gilt eine abweichende Variante. Hier hat der Heber allein das Recht, Kritische zu entnehmen. Diese Variante ist in der Literatur nicht belegt. Da es sie in der Realität trotzdem gibt, möchte ich sie nicht unerwähnt lassen. Sprechen Sie im Zweifelsfall vor Beginn des Spiels mit Ihren Mitspielern bzw. mit der Turnierleitung.

3.1.3. Das Geben

Wie viele Karten verteilt werden und wie viele nicht

Anschließend teilt der Geber im Uhrzeigersinn in zwei Runden zuerst drei und dann zwei Karten an alle Spieler aus, so dass jeder Spieler fünf Karten erhält. Er beginnt bei seinem linken Nachbarn (Spieler A). Der Geber selbst ist somit der letzte Spieler, der die drei bzw. zwei Karten in jeder Runde erhält.

Hinweis: Sind beim Abheben bereits einer oder mehrere Kritische verteilt worden, wird dies in der ersten Runde des Gebens ausgeglichen. Hat z.B. der Heber einen Kritischen abgehoben, erhält er statt normalerweise drei Karten in der ersten Runde nur noch zwei.

Das Ausgleichen von abgehobenen Kritischen in der zweiten Runde des Gebens ist nicht erlaubt!

Zwischen diesen beiden Runden deckt der Geber eine Karte auf. Die Farbe dieser Karte wird zur Trumpf-Farbe.

Welche Bedeutung die Trumpf-Farbe hat, erfahren Sie in Kapitel 4, „Die Trümpfe“.

Wichtig: Das Mischen, Abheben und Verteilen muss verdeckt geschehen, so dass kein Spieler auch nur irgendeine Karte einsehen kann. Wird beim Geben eine Karte aufgedeckt, muss (vom selben Geber) noch einmal gegeben werden. Dies ist auch der Fall, wenn ein Spieler zu viele oder zu wenig Karten bekommen hat.

3.2. Das Austauschen von Karten oder Aussteigen

Phase 2

Wiederum im Uhrzeigersinn und links vom Geber beginnend kann jeder Spieler mit Ausnahme des Gebers entscheiden, ob er aus diesem Spiel aussteigt. Bleibt er im Spiel kann er bis zu drei Karten abgeben, die am wenigsten erfolgversprechend sind, und erhält dieselbe Anzahl neuer Karten. Als letzter Spieler ist der Geber selbst an der Reihe, der nicht aussteigen kann. Er kann zwar auch bis zu drei Karten tauschen. Dadurch, dass er die beim Verteilen aufgedeckte Trumpfkarte behalten darf, erhält er aus dem verbliebenen Kartenstapel aber höchstens zwei neue Karten.

Wichtig: Es müssen mindestens zwei Spieler am Spiel teilnehmen. Bei vier Spielern dürfen somit maximal zwei aussteigen, bei drei Spielern höchstens einer.

Ein Aussteigen aus einem Spiel ist in folgenden Fällen nicht möglich:

- beim allerersten Spiel

- wenn die Trumpf-Farbe Herz ist
- bei einem Punktestand von fünf oder weniger
- wenn ein Spieler bereits im vorhergehenden Spiel ausgesetzt hat
- wenn Sie der Geber sind
- wenn Sie der Heber sind und alle Spieler, die vor Ihnen an der Reihe waren, aussetzen

Alle weggegebenen Karten sortiert der Geber im Kartenstapel unten ein, so dass sie nicht erneut in Umlauf gehen können.

3.3. Das (eigentliche) Spiel

Phase 3 – Wie ein Spiel abläuft

Der erste Schritt des eigentlichen Spiels ist das sogenannte „Ausspielen". Das heißt: Von den verbliebenen Teilnehmern legt der links vom Geber sitzende Spieler (in unserem Beispiel ist dies Spieler B) eine seiner Karten als erste Karte aufgedeckt und somit für alle sichtbar auf den Tisch.

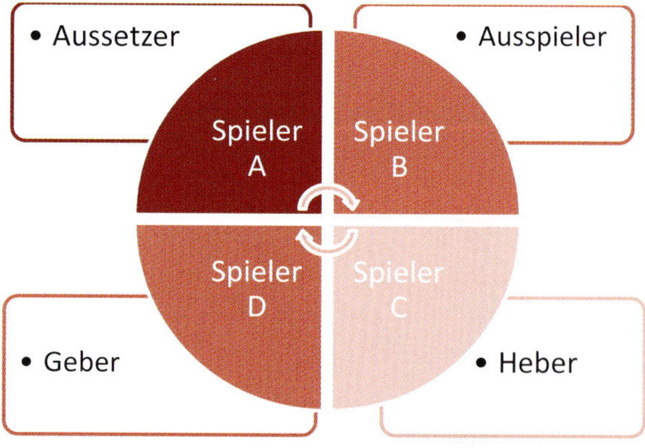

Anschließend legen die folgenden Spieler reihum im Uhrzeigersinn eine Karte dazu. Die höchste Karte sticht. Den Stich, also die vier Karten zusammen, erhält der Spieler, der die höchste Karte, also die stechende Karte auf den Tisch gelegt hat. Dazu legt er die vier Karten zusammen auf einen Stapel, dreht sie um (verdeckt sie somit) und legt sie vor sich auf dem Tisch ab. Der erste Stich ist somit vorbei und es beginnt der zweite.

Wichtig: Es spielt immer derjenige aus, der den vorhergehenden Stich gemacht hat.

Sind alle fünf Stiche gemacht, ist das Spiel beendet.

3.4. Notieren des Spielergebnisses

Phase 4

Nach jedem Einzelspiel werden die erzielten Stiche der einzelnen Spieler vom vorherigen Spielstand abgezogen und der neue Spielstand wird auf ein Blatt Papier geschrieben. Zum Notieren der Punkte wird vor dem Spiel jemand bestimmt, der die Ergebnisse aller Spieler aufschreibt.

Da es beim Schreiben der Spielergebnisse einige Besonderheiten gibt, widme ich diesem Thema im späteren Verlauf dieses Buches ein ausführliches Kapitel.

3.5. Nach dem Spiel

Wenn ein Spiel vorbei ist

Nachdem der neue Spielstand notiert wurde, ist ein Einzelspiel beendet und das nächste beginnt. Was in Kurzform „Der Nächste gibt“ genannt wird, bedeutet Folgendes: Die Rollen des Gebers und somit auch des Hebers wechseln im Uhrzeigersinn um eine Position. Das heißt in unserem Fall: Spieler A ist der Geber und Spieler D ist der Heber.

Insbesondere zu später Stunde kann es durchaus vorkommen, dass vergessen wird, wer das nächste Spiel gibt. Um dies zu verhindern, sind Ihrer Fantasie keine Grenzen gesetzt. So können Sie zum Beispiel einen „Geberhut“ einsetzen. Derjenige Spieler, der diesen Hut trägt, ist der aktuelle Geber und gibt ihn nach einem Spiel an seinen linken Nachbarn weiter.

4. Die Trümpfe

Welche Karten welche anderen stechen

In diesem Kapitel lernen Sie die Wertigkeit der Trümpfe, also welcher Trumpf höher ist als der andere, kennen.

Welche Karten sind also nun die Trümpfe beim Böhmisch Watten? Neben den bereits erwähnten Herz-König (dem Max), Schellen-Sieben (dem Belle) und Eichel-Sieben (dem Spitz) sind dies alle (restlichen) Karten der Farbe, die beim Ausgeben aufgedeckt wurde.

Innerhalb der Trümpfe ist die Wertigkeit, also welcher Trumpf höher ist als der andere, genau festgelegt:

1. Max (Herz-König)
2. Belle (Schellen-Sieben)
3. Spitz (Eichel-Sieben)

4. - 10. bzw. 11. Die 7 anderen (bei Trumpf-Farbe Eichel, Herz oder Schellen) bzw. 8 Karten der Trumpf-Farbe in der Rangfolge ihrer Werte von oben nach unten.

Der Max ist also der höchste Trumpf, den es beim Böhmisch Watten gibt. Er kann alle anderen Karten, egal ob Trumpf oder nicht, stechen.

Beispiel 1: Trumpf-Farbe ist Gras.

Trümpfe 1 bis 3

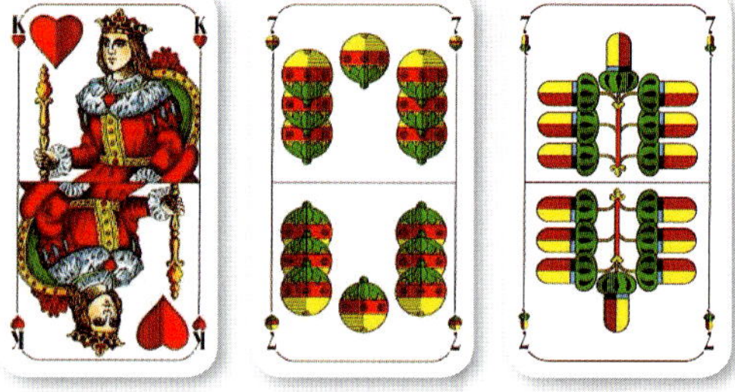

Trümpfe 4 bis 11

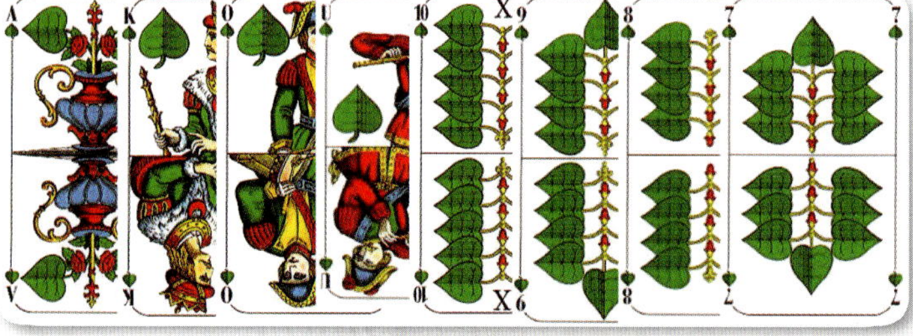

Beispiel 2: Trumpf-Farbe ist Eichel. Es gilt „Kritischer bleibt Kritischer". Das heißt, die Eichel-Sieben fungiert trotzdem als Spitz, bleibt also die dritthöchste Karte im Spiel und wird nicht zum Farb-Trumpf. Es gibt somit nur 10 Trümpfe.

Trümpfe 1 bis 3

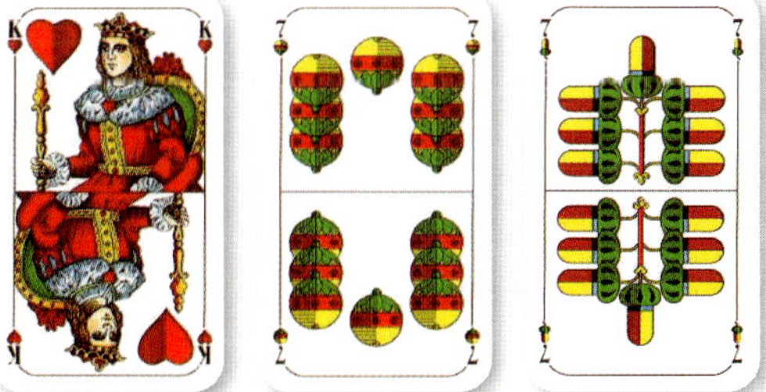

Trümpfe 4 bis 10

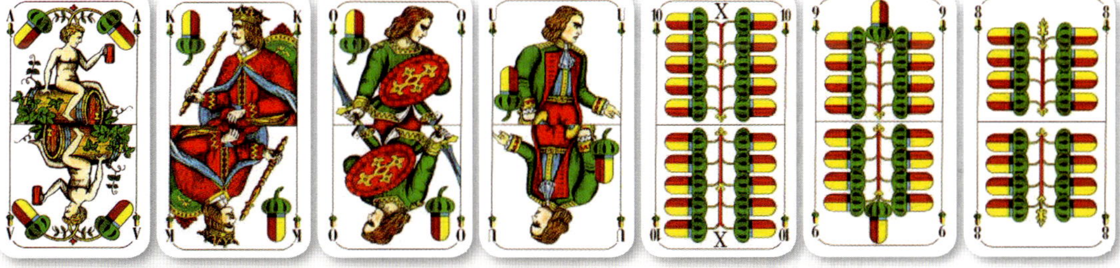

5. Der Gang eines Spiels

Wie ein Spiel vor sich geht

Nachdem ich Ihnen in Kapitel 3 bereits den groben Ablauf beschrieben habe, gehe ich in den nun folgenden Abschnitten näher darauf ein, wie ein Spiel konkret durchgeführt wird.

5.1. Aufstecken der Karten

Wie Sie Ihre Karten anordnen sollten

Ein praktischer Tipp, wie Sie als Anfänger besser mit Ihren fünf Karten zurechtkommen: Nachdem die Trumpf-Farbe feststeht, stecken Sie Ihre Karten in einer Reihenfolge vom höchsten Trumpf bis zur niedrigsten Karte auf. Aufsteigend oder absteigend spielt keine Rolle. Zum Beispiel: Stecken Sie den/die Kritischen nach links, dann rechts davon die Farbtrümpfe und ganz rechts die Karten, die in diesem Spiel keine Trümpfe sind. Eine gute Sortierung hilft Ihnen, sich während des Spielverlaufs gut zurechtzufinden und schnell die an der jeweiligen Stelle richtige Karte zu spielen.

Beispiel: Nach dem Ausgeben haben Sie folgendes Blatt. Die Farbe Herz ist Trumpf.

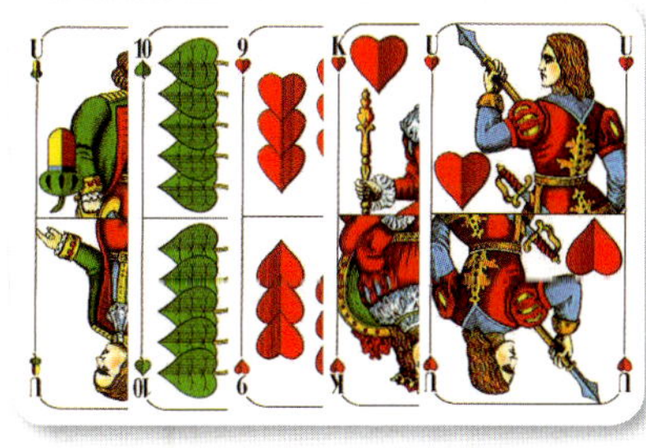

Aufgabe: Stecken Sie Ihre Karten in einer Reihenfolge vom höchsten Trumpf (links) bis zur niedrigsten Karte (rechts) auf.

Lösung: Der Herz-König ist als „Max“ der höchste Trumpf im gesamten Spiel und kommt ganz nach links, gefolgt von den Farbtrümpfen (Herz-Unter und Herz-Neun). Der Eichel-Unter und die Gras-Zehn sind in diesem Spiel keine Trümpfe und werden somit ganz rechts aufgereiht. Ihr Blatt sieht damit wie folgt aus:

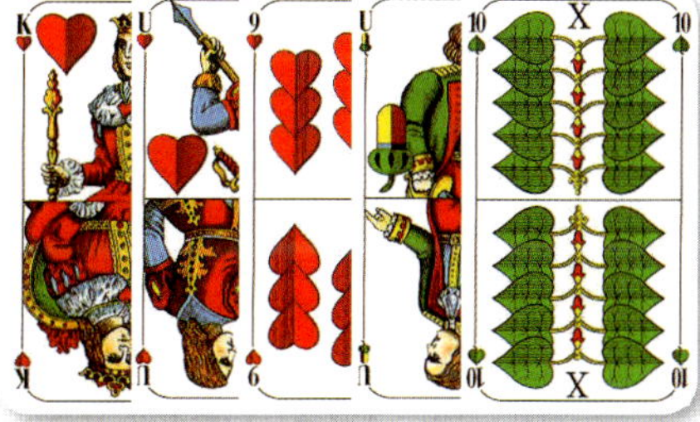

5.2. Bedienen (Zugeben)

Welche Karte gespielt werden muss

Lassen Sie mich hier die offizielle Definition des Bayerischen Schafkopfvereins zitieren, die für Böhmisch Watten genauso gilt: „Beim Zuwerfen muss stets, wenn dies möglich ist, die ausgespielte Karte (Farbe oder Trumpf) bedient werden.“[4] Dieser Satz beschreibt zwei wichtige Grundprinzipien: das Trumpf-Zugeben und das Farbe-Zugeben.

Dem Ausspieler steht frei, entweder einen Trumpf oder eine Farbkarte auf den Tisch zu legen. Die anderen Spieler sind an seine Vorgabe gebunden und müssen entsprechend auch einen Trumpf oder eine Karte derselben Farbe auf den Tisch legen (= zugeben), aber natürlich nur dann, wenn sie eine dieser Karten in ihren Händen halten. Ist dies nicht der Fall, kommt auch noch die Stech-Pflicht zum Tragen, die ich im nächsten Abschnitt beschreibe.

Da diese beiden Grundprinzipien von äußerster Wichtigkeit sind und sie beim Spielen unbedingt eingehalten werden müssen, habe ich ihnen im Folgenden eigene Abschnitte gewidmet, in denen ich diese nochmals detailliert beschreibe.

5.2.1. Das Trumpf-Zugeben

Wenn ein Trumpf ausgespielt wird

Wird vom Ausspieler ein Trumpf (Kritischer oder Karte der Trumpf-Farbe) auf den Tisch gelegt, müssen alle anderen Spieler ein Trumpfblatt zugeben. Wer keinen Trumpf in seinen Karten hat, kann jede beliebige Karte zuwerfen.

5.2.2. Das Farbe-Zugeben

Wenn eine Farbkarte ausgespielt wird

Wird vom Ausspieler eine Farbkarte (Nicht-Trumpf) auf den Tisch gelegt, müssen alle anderen Spieler eine Karte derselben Farbe zugeben.

Wer keine Karte dieser Farbe in seinen Karten hat, muss mit einem Trumpf stechen (siehe auch den nächsten Abschnitt). Haben Sie weder eine Karte der ausgespielten Farbe noch der Trumpf-Farbe, können Sie jede beliebige Karte zuwerfen.

5.3. Die Pflicht zu stechen

Welche Karte höher ist als eine andere

Grundsätzlich besteht beim Böhmisch Watten die Pflicht zum Stechen, sofern das möglich ist.

Wird ein Trumpf ausgespielt und Sie haben mehrere Trümpfe in der Hand, müssen Sie eine Karte wählen, die im Wert höher ist als die auf dem Tisch liegende. Es gilt die Rangfolge der Trümpfe aus Kapitel 4, Die Trümpfe.

Wird eine andere Farbe als die Trumpf-Farbe ausgespielt und Sie haben mehrere Karten dieser Farbe in der Hand, müssen Sie eine Karte wählen, die im Wert höher ist als die auf dem Tisch liegende. Es gilt die natürliche Rangfolge der Karten (Ass, König, Ober, Unter, Zehn, Neun, Acht, Sieben).

Haben Sie keine Karte dieser Farbe in der Hand, müssen Sie einen Trumpf spielen. Wurde die ausgespielte Karte bereits von einem Trumpf gestochen, müssen Sie diesen, falls möglich, erneut „übertrumpfen". Andernfalls müssen Sie einen kleineren Trumpf zugeben, auch wenn es schwerfällt.

Nur wer weder eine Karte der ausgespielten Farbe noch einen Trumpf in seinen Karten hat, kann eine beliebige Karte zuwerfen.

Für die Stech-Pflicht gilt also im gesamten Spiel:

- Ein Trumpf muss von einem höheren Trumpf gestochen werden.
- Ein Nicht-Trumpf muss von einer höheren Karte derselben Farbe gestochen werden. Wenn dies nicht möglich ist, muss er von einem Trumpf gestochen werden.

5.4. Das Stechen mit und ohne Trumpf

Welche Karte höher ist als eine andere

Um einen Nicht-Trumpf zu stechen, müssen Sie nicht notwendigerweise einen Trumpf verwenden. Eine Karte, die weder ein Kritischer noch ein Farbtrumpf ist, kann auch mit einer höheren Karte derselben Farbe gestochen werden. Es gilt die natürliche Rangfolge der Karten (Ass, König, Ober, Unter usw.).

Für die Rangfolge aller Karten gilt also insgesamt:

- Ein Trumpf kann nur von einem höheren Trumpf gestochen werden.
- Ein Nicht-Trumpf kann von einer höheren Karte derselben Farbe oder von einem Trumpf gestochen werden.

5.5. Das Recht an einem Stich

Wem ein Stich gehört

Wie im obigen Abschnitt erwähnt, kann der Ausspieler (eines jeden Stiches) eine beliebige Karte auf den Tisch legen. Dieser Spieler hat solange recht (ist solange im Recht), bis seine Karte gestochen wird. Dem Spieler, der zuletzt gestochen hat, gehört schließlich der Stich und er fungiert beim nächsten Stich als Ausspieler. Wird die Karte des Ausspielers von keinem anderen Spieler gestochen, gehört der Stich ihm und er ist erneut mit dem Ausspielen an der Reihe.

6. Strategien

Wie Sie am besten zum Erfolg kommen

Je nachdem, wie gut oder schlecht Ihre Karten sind, gibt es verschiedene Strategien, die Sie anwenden können, um möglichst viele Stiche zu machen. In den folgenden Abschnitten finden Sie einige der wichtigsten.

6.1. Offensive und defensive Spielweise

Wann Sie Trümpfe spielen und wann lieber aufheben sollten

Je nachdem, wie viele und welche Trümpfe Sie haben, können Sie offensiv oder defensiv spielen. Offensiv heißt, Sie spielen bewusst einen Trumpf aus, um gleich zu Beginn den Gegnern deren Trümpfe zu ziehen und sie zu schwächen.

Defensiv spielen heißt, Sie spielen bewusst keinen Trumpf aus, um Ihre Trümpfe nicht schon zu Beginn des Spiels zu vergeuden. Stattdessen heben Sie sich Ihre Trümpfe so lange wie möglich auf.

6.2. Beispiele

Wann Sie offensiv spielen sollten und wann nicht

Beispiel 1: Sie haben folgendes Blatt, Herz ist Trumpf und Sie sind der Ausspieler.

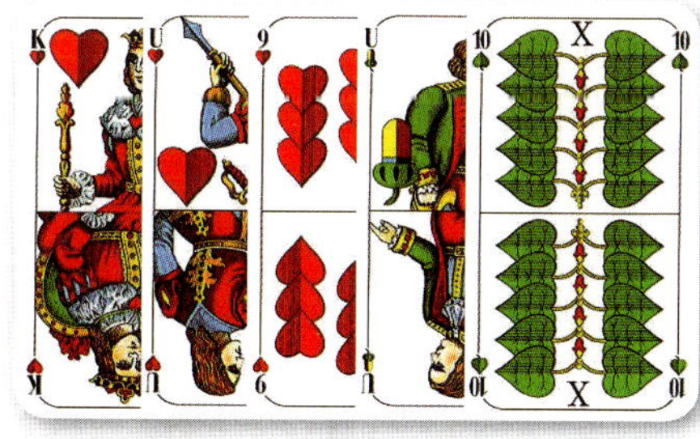

Aufgabe: Bewerten Sie Ihr Blatt, indem Sie folgende Fragen für sich beantworten:

- Spiele ich offensiv oder defensiv?
- Welche Karte spiele ich aus?

Lösung: Da der Max die höchste Karte im Spiel ist, sollten Sie diesen gleich als Erstes ausspielen, um den Gegnern gleich zu Beginn des Spiels je einen Trumpf zu ziehen. Anschließend spielen Sie vielleicht einen Nicht-Trumpf aus (Eichel-Unter oder Gras-Zehn) und warten darauf, dass Sie irgendwann mit Ihren Farbtrümpfen (Herz-Unter und Herz-Neun) zum Zug kommen.

Beispiel 2: Die „Maschine“. Herz ist Trumpf und Sie sind der Ausspieler.

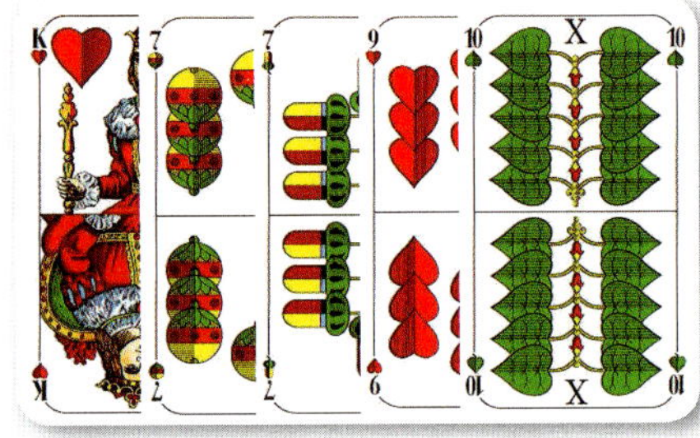

Aufgabe: Bewerten Sie Ihr Blatt, indem Sie folgende Frage für sich beantworten:

- Spiele ich offensiv oder defensiv?

Lösung: Hat ein Spieler alle drei Kritischen alleine, hat er die sogenannte „Maschine“. Wenn dies bei Ihnen der Fall ist, haben Sie drei Stiche auf jeden Fall sicher. Es geht „nur“ noch darum, möglichst alle Stiche für sich herauszuschlagen. Dazu spielen Sie nacheinander die drei Kritischen aus und werden Ihren Gegnern mit hoher Wahrscheinlichkeit all deren Trümpfe ziehen können. Anschließend spielen Sie die Herz-Neun aus, die von Ihren Gegnern dann nicht mehr gestochen werden kann. Hat sich einer Ihrer Gegner nicht zufällig eine Karte der Farbe Gras aufgehoben, die höher ist als Ihre Zehn, geht auch noch der fünfte Stich auf Ihr Konto.

Wie die Ergebnisse der einzelnen Spiele aufgeschrieben werden

Wie bereits erwähnt, werden die erzielten Punkte nach jedem Spiel auf einem Blatt Papier notiert. Da es beim Schreiben der Spielergebnisse einige Besonderheiten gibt, widme ich diesem Thema ein ausführliches Kapitel.

7.1. Zuständigkeit

Wer schreibt

Vor dem Beginn der ersten Spiels wird ein Spieler bestimmt, der die Spielergebnisse für sich und alle anderen Spieler aufschreibt.

7.2. Der Sieger

Wer gewonnen hat

Die in einem Einzelspiel erzielten Stiche werden laufend abgezogen, so dass zu jedem Zeitpunkt der aktuelle Stand für alle sichtbar ist. Der Spieler, der nach einem Einzelspiel die Punktzahl Null als erster erreicht hat, hat das Gesamtspiel gewonnen. Es kann auch mehrere Sieger geben.

Die Gesamtpunktzahl, von der aus gestartet wird, ist 20. Gerne können Sie aber auch eine andere wählen. Sprechen Sie sich einfach mit Ihren Mitspielern ab, um Missverständnisse zu vermeiden.

Es wird nur um Sieg oder Niederlage gespielt. Wie viele Punkte die Verlierer zum Schluss haben, spielt keine Rolle.

7.3. Beispiel

Wie ein Notizzettel aussehen kann

Lassen Sie mich mit einem Hinweis beginnen: Es genauso zu machen wie ich es im Folgenden zeige, ist keinesfalls ein Muss für Sie. Solange Sie und Ihre Mitspieler sich auf eine Schreibweise einigen, dürfen Sie vorgehen, wie Sie möchten. Dass alle Spieler laufend dasselbe Verständnis des Gesamtergebnisses haben, ist jedoch von Vorteil, um spätere Diskussionen zu vermeiden …

Das Blatt Papier, auf dem das Gesamtergebnis notiert wird, könnte also beispielsweise wie folgt aussehen. Die vier Spieler nenne ich hier wiederum A, B, C und D. Beliebt ist es bei Schreibern, die Spieler mit dem Anfangsbuchstaben ihrer Vornamen zu benennen.

Im ersten Spiel (nicht die Farbe Herz war Trumpf) hat Spieler A zwei, Spieler B einen und Spieler C zwei Stiche gemacht. Spieler D ist leer ausgegangen, ihm werden fünf Punkte hinzugefügt. Der Notizzettel sieht somit wie folgt aus:

A	B	C	D
18	19	18	25

A	B	C	D
18	19	18	25
28	11	16	35

Im zweiten Spiel war Herz Trumpf-Farbe. Die Stiche verteilen sich auf die Spieler B (vier) und C (einen). Ihre Punktezahl wird entsprechend um acht bzw. zwei Punkte reduziert. Die Spieler A und C haben keinen Stich gemacht und erhalten sozusagen je zehn Strafpunkte.

Beim Spielstand von acht Punkten ist Herz Trumpf-Farbe und Spieler B macht vier Stiche. Dadurch erreicht er die Punktezahl Null und gewinnt somit das Gesamtspiel.

A	B	C	D
18	19	18	25
28	11	16	35
26	11*	15	33
24	8	20	33*
34	0	30	31

* Spieler ist jeweils ausgestiegen. Seine Punktzahl bleibt unverändert.

7.4. Nach dem Gesamtspiel

Wie das nächste Spiel beginnt

Nachdem Sieger und Verlierer eines Gesamtspiels feststehen, ist dieses beendet und das nächste beginnt. Während die Rolle des Gebers innerhalb eines Gesamtspiels im Uhrzeigersinn um eine Position wechselt, kann sie danach neu vergeben werden. Zur Gewohnheit ist es geworden, dass sich der Sieger als erster Geber des nachfolgenden Gesamtspiels bereitstellt.

Teil 2

Lerne Grasobern

Seite 39 – 76

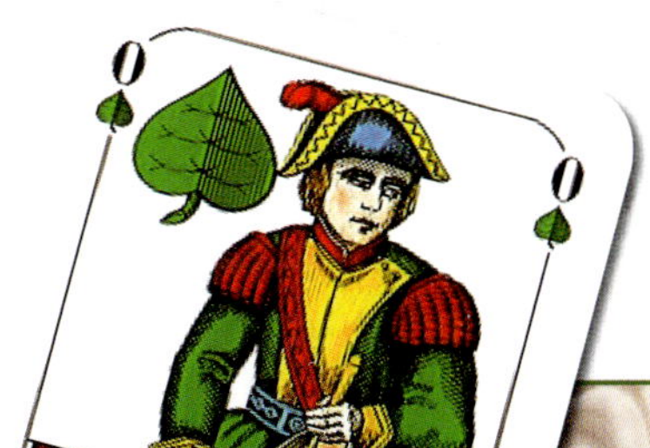

Inhaltsverzeichnis

1. Einführung

Allgemeines über das Grasobern und Ziel dieses Buches

Bevor Sie mit dem eigentlichen Spiel beginnen, hier ein paar wissenswerte Informationen für Sie darüber, worum es beim Grasobern geht und wie Sie mit Hilfe dieses Buches am besten vorgehen.

1.1. Allgemeines

Die Verbreitung und der Name des Spiels

Grasobern, auch Grasoberln oder Grünobern genannt, ist ein altbayerisches Kartenspiel, das vor allem im süd- und südostbayerischen Raum verbreitet ist. Dieses Spiel nur noch selten anzutreffen und daher vom Aussterben bedroht. Aus diesem Grund versuchen Kultur- und Trachtenvereine, das Spiel zu erhalten, indem sie Turniere veranstalten.

Benannt ist das Spiel nach dem Gras-Ober, den es zu vermeiden gilt. Was das bedeutet, erfahren Sie in aller Ausführlichkeit im weiteren Verlauf dieses Buches.

Über die Herkunft des Spiels und darüber, wie lange es das Spiel schon gibt, konnte ich leider keine Quellen finden.

1.2. Ziel des Buches

Welche Elemente Sie erlernen können

Mit diesem Buch möchte ich Ihnen die Regeln und Strategien des Grasoberns soweit vermitteln, dass Sie in der Lage sind, ein Spiel aufnehmen zu können.

Dazu ist es am Anfang wichtig, erst einmal die Grundbegriffe und -regeln sowie die Spielarten und den Ablauf eines Spiels kennenzulernen.

Anschließend erkläre ich Ihnen die wichtigsten Strategien, um Spiele in der jeweiligen Spielart zu gewinnen.

1.3. Aufbau

Wie Sie am besten vorgehen

Dieses Buch ist so aufgebaut, dass Sie es einfach von vorne nach hinten durchlesen können. Nachdem Sie einmal durch sind, eignet es sich aber auch als Nachschlagewerk, um jederzeit einzelne Punkte nachzulesen.

2. Grundregeln/ Begriffe

2.1. Voraussetzungen

Was Sie vor Beginn wissen sollten

Um Grasobern mit diesem Buch erlernen zu können, sind nur sehr wenige Vorkenntnisse notwendig. Wichtig ist vor allen Dingen, dass Sie die 32 Karten eines bayerischen Kartenspiels, also die vier Farben Eichel, Gras, Herz und Schellen sowie die acht Schläge (Sieben, Acht, Neun, Zehn, Unter, Ober, König und Ass) kennen.

Des Weiteren ist es hilfreich, z.B. von einem anderen Kartenspiel zu wissen, was ein „Stich" ist. Falls Sie diesen Begriff nicht kennen, müssen Sie sich trotzdem keine Sorgen machen. Er wird im Abschnitt 2.8.3., Das (eigentliche) Spiel, näher erläutert.

Weitere Kenntnisse setze ich nicht voraus.

2.2. Rangfolge der Karten

Welche Karte welche anderen stechen kann

Die Reihenfolge der Karten beim Stechen ist (beginnend mit dem höchsten Kartenwert): Ass, König, Ober, Unter, Zehn, Neun, Acht, Sieben. In der folgenden Abbildung sehen Sie die Kartenwerte am Beispiel der

Farbe Eichel. Ganz links sehen Sie die Ass als höchste Karte und ganz rechts die Sieben, die die niedrigste Karte ist.

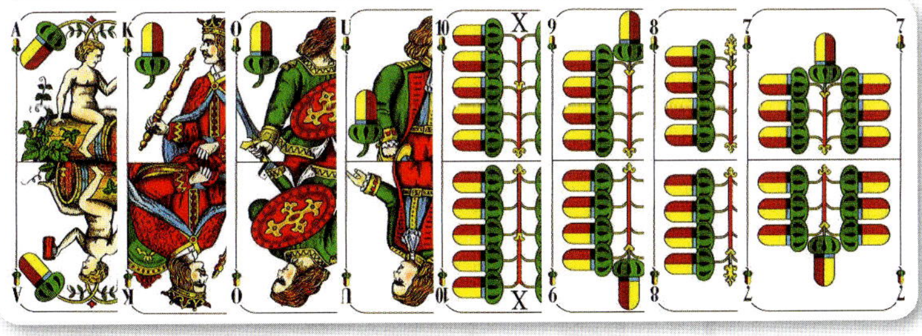

Wichtig: Grundsätzlich wird eine Karte von einer höheren Karte derselben Farbe immer gestochen. Jede Farbe muss aber separat betrachtet werden.

2.3. Kategorie

Was am Ende eines Spiels zählt

Das Grasobern gehört nicht direkt zur Kategorie der Stichspiele. Denn nicht die Anzahl der erzielten Stiche entscheidet über Gewinn und Verlust eines Spiels, sondern wer den Gras-Ober in seinen Stichen hat bzw. wer den ersten und den letzten Stich macht.

Im Gegensatz zu den Punkte- oder Augenspielen (z. B. Schafkopfen) sind den Karten hier keine Punkte (Augen) zugeordnet.

2.4. Anzahl der Spieler

Wie viele Spieler man braucht

Grasobern kann von theoretisch von drei bis acht Spielern gespielt werden. Am geeignetsten ist das Spiel jedoch für vier, fünf oder sechs Spieler, an die die Karten wie folgt verteilt werden:

- Bei vier Spielern erhält jeder Spieler acht Karten.
- Bei fünf Spielern erhält jeder Spieler sechs Karten.
  Zwei Karten (z. B. die Eichel-Sieben und die Schellen-Sieben) werden aus dem Spiel genommen.
- Bei sechs Spielern erhält jeder Spieler fünf Karten.
  Zwei Karten (z. B. die Eichel-Sieben und die Schellen-Sieben) werden aus dem Spiel genommen.

Hinweis: Im weiteren Verlauf dieses Buches beziehen sich alle Texte und Bilder auf das Grasobern mit vier Spielern. Bei einer anderen Anzahl von Spielern sind die Regeln und Vorgehensweisen analog!

2.5. Spielarten

Welche verschiedenen Spiele es gibt

Bei Grasobern gibt es vier verschiedene Spielarten:

- Regelspiel
- Bettel
- Mord
- Schleichmord

2.6. Wertigkeit der Spielarten

Welches Spiel höher ist als das andere

In der folgenden Abbildung finden Sie die Pyramide der Wertigkeit. Je höherwertig eine Spielart ist, desto weiter oben ist sie auf der Pyramide genannt.

Das Regelspiel ist also sozusagen das „Basisspiel" beim Grasobern. An der Spitze steht der Mord und ist somit die höchstwertige Spielart.

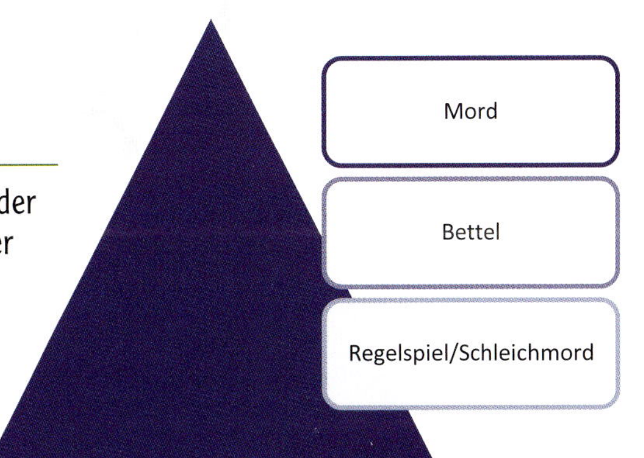

2.7. Ziel des Spiels

Wann ein Spiel gewonnen ist

Das Ziel eines Spiels unterscheidet sich je nach Spielart:

- Bei einem Regelspiel spielt jeder gegen jeden und es gewinnt, wer es schafft, folgende Situationen zu vermeiden:
  - den ersten Stich zu machen *
  - den letzten Stich zu machen
  - den Stich zu machen, in dem sich der Gras-Ober befindet
  - unfreiwillig alle Stiche zu machen

* In einigen Gegenden wird Grasobern ohne diese Bedingung gespielt. Ich nenne dies „vereinfachte Spielweise".

- Bei einem Bettel spielt ein Spielmacher alleine gegen alle anderen Spieler. Er darf dabei keinen einzigen Stich machen, um zu gewinnen. Schon beim ersten Stich, den er macht, gilt der Bettel als verloren und die Gegner haben gewonnen. In welchem Stich sich der Gras-Ober befindet, spielt hier keine Rolle.
- Bei einem Mord und einem Schleichmord spielt ein Spielmacher alleine gegen alle anderen Spieler. Er muss dabei alle Stiche machen, um zu gewinnen. Schon beim ersten Stich eines Gegenspielers gilt der Mord als verloren und die Gegner haben gewonnen. Der Gras-Ober hat auch hier keine besondere Bedeutung.

2.8. Der Ablauf eines Spiels

Die drei Phasen

Jedes Spiel besteht aus den folgenden drei Phasen:

- Phase 1: Verteilen der Karten
- Phase 2: Spielansage
- Phase 3: (Eigentliches) Spiel

2.8.1. Das Verteilen der Karten

Phase 1

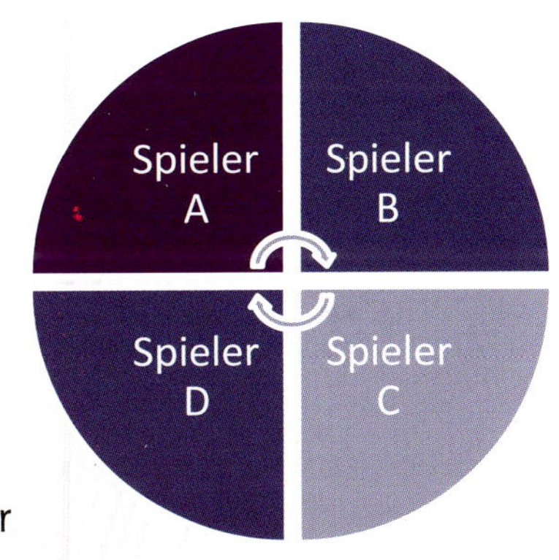

Wie bei jedem anderen Kartenspiel müssen auch beim Grasobern zuerst die Karten verteilt werden, bevor irgendeine Art des Spiels überhaupt beginnen kann. Dazu setzen sich die vier Spieler - ich nenne sie hier Spieler A bis D - an einen Tisch mit Blick zueinander, nehmen ein Päckchen bayerischer Spielkarten mit 32 Blatt zur Hand.

Anschließend bestimmen die vier Spieler einen aus ihren Reihen, der das erste Spiel gibt. Zwei häufig praktizierte Methoden hierfür seien hier genannt: das Lebensalter („der Jüngste gibt“) oder Abheben („die höchste Karte gibt“). In unserem Beispiel ist es Spieler D, der mit dem Ausgeben beginnt.

Dazu mischt er die 32 Karten und legt sie dann seinem rechten Nachbarn (dem „Heber“) verdeckt zum Abheben auf den Tisch. Der Heber hebt einmal ab, das heißt, er nimmt einen Teil der Karten vom Stapel und legt sie neben dem anderen Teil der Karten auf den Tisch. Der Geber nimmt die liegengebliebenen Karten und legt sie auf den abgehobenen Teil der Karten.

Anschließend teilt der Geber im Uhrzeigersinn in zwei Runden je vier Karten an die vier Spieler aus, so dass jeder Spieler acht Karten erhält. Er beginnt bei seinem linken Nachbarn (Spieler A). Der Geber selbst ist somit der letzte Spieler, der jeweils die vier Karten in jeder Runde erhält.

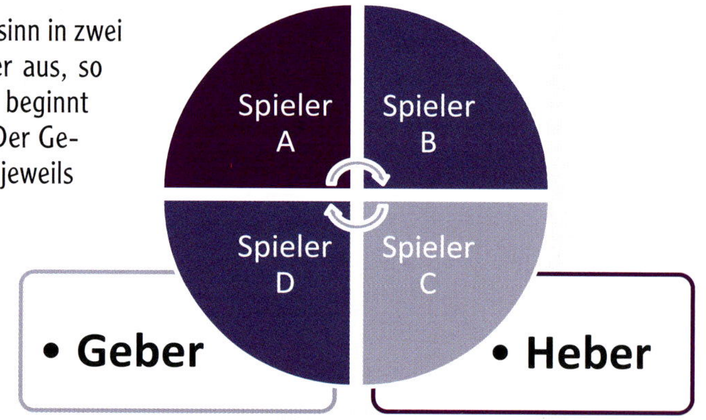

Wichtig: Das Mischen, Abheben und Verteilen muss verdeckt geschehen, so dass kein Spieler auch nur irgendeine Karte einsehen kann. Wird beim Geben eine Karte aufgedeckt, muss (vom selben Geber) noch einmal gegeben werden. Dies ist auch der Fall, wenn ein Spieler zu viele oder zu wenig Karten bekommen hat.

2.8.2. Die Spielansage

Phase 2

Nachdem alle Spieler ihre Karten aufgenommen haben, wird geklärt, welcher Spieler eventuell zum Spielmacher eines Bettel oder Mord wird. Reihum, und zwar erneut im Uhrzeigersinn und beginnend links vom Geber, erklären sich die Spieler.

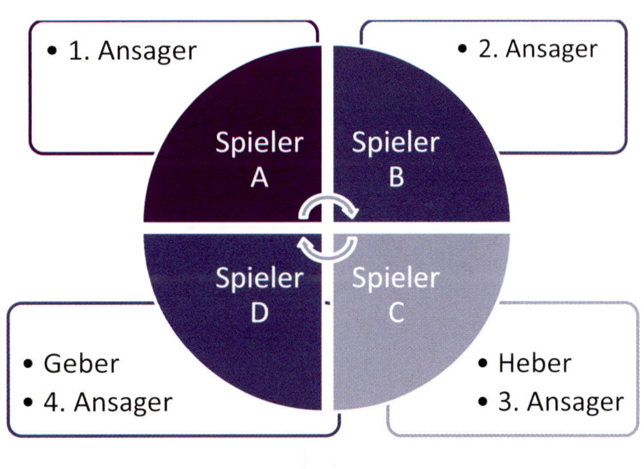

Wer aufgrund der erhaltenen Karten denkt, einen Bettel oder Mord gewinnen zu können, erklärt dies entsprechend mit „Bettel“ oder „Mord“. Aufgrund seiner Wertigkeit hat ein Mord Vorrang vor einem Bettel.

Das heißt: Sagt ein Spieler einen Bettel an und ein nachfolgender Ansager einen Mord, kommt dieser als Spielmacher zum Zug.

Wichtig: Sagt kein Spieler einen Bettel oder Mord an, kommt es automatisch zu einem Regelspiel.

2.8.3. Das (eigentliche) Spiel

Phase 3

Der erste Schritt des eigentlichen Spiels ist das sogenannte „Ausspielen". Das heißt, der links vom Geber sitzende Spieler (in unserem Beispiel ist dies Spieler A) legt eine seiner Karten als erste Karte, aufgedeckt und somit für alle vier Spieler sichtbar, auf den Tisch.

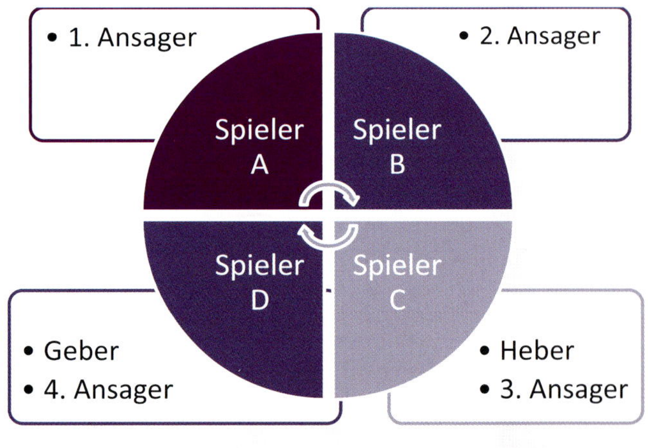

Anschließend legen die folgenden Spieler reihum im Uhrzeigersinn eine Karte dazu. Die höchste Karte sticht. Den Stich, also die vier Karten zusammen, erhält der Spieler, der die höchste Karte, also die stechende Karte auf den Tisch gelegt hat. Dazu legt er die vier Karten zusammen auf einen Stapel, dreht sie um (verdeckt sie somit) und legt sie vor sich auf dem Tisch ab. Der erste Stich ist somit vorbei und es beginnt der zweite.

Wichtig: Es wird „stets vom demjenigen ausgespielt, der den vorhergehenden Stich gemacht hat“[2].

Sind alle Stiche gemacht, ist das eigentliche Spiel beendet.

2.9. Das Bedienen (Zugeben)

Welche Karte gespielt werden muss

Lassen Sie mich hier mit der offiziellen Definition des Bayerischen Schafkopfverbandes beginnen: „Beim Zuwerfen muss stets, wenn dies möglich ist, die ausgespielte Farbe bedient werden.“[2]

Dieser Satz beschreibt das erste wichtige Grundprinzip beim Grasober-Spiel: das Farbe-Zugeben.

Dem Ausspieler steht frei, irgendeine Karte auf den Tisch zu legen. Die anderen drei Spieler sind an seine Vorgabe (bzgl. Farbe) gebunden und müssen entsprechend eine Karte derselben Farbe auf den Tisch legen (= zugeben), aber nur, wenn sie eine dieser Karten in ihren Händen halten.

Wird eine Farbe ausgespielt und Sie haben mehrere Karten dieser Farbe in der Hand, können Sie selbst wählen, welche Karte Sie zugeben wollen. Je nach Strategie kann es besser für Sie sein, eine Karte zuzugeben, die im Wert niedriger oder höher ist als die auf dem Tisch liegende.

Neben dem Farbe-Zugeben gibt es beim Grasobern entsprechend dem Ziel des Spiels noch eine zweite wichtige Zugabe-Pflicht: Wird eine Farbe ausgespielt, muss derjenige, der den Gras-Ober in seinem Blatt hat, diesen zugeben, wenn er keine Karte dieser Farbe hat.

Wird eine Karte der Farbe Gras ausgespielt, kann derjenige, der den Gras-Ober in seinem Blatt hat, selbst entscheiden, ob er diesen oder eine andere Gras-Karte zuwirft.

Hat ein Spieler weder eine Karte der ausgespielten Farbe noch den Gras-Ober, kann er jedes beliebige Blatt zuwerfen.

2.10. Das Ende eines Spiels

Wann ein Spiel beendet ist

Das Spiel ist regulär beendet, wenn:

- alle Stiche gemacht sind (Regelspiel) oder
- der Spielmacher einen Stich gemacht hat (bei einem Bettel) oder
- die Gegner des Spielmachers einen Stich gemacht haben (bei einem Mord).

Sind sich die Spieler einig, können Bettel und Mord auch vorzeitig beendet werden. Dies ist möglich, wenn der Spielmacher sein Spiel „aufliegend“ hat. Das heißt, der Spielmacher ist sich sicher, dass er das Spiel gewinnen und die Gegner keine Chance haben werden. In diesem Fall kann er alle seine Karten auf einmal offen auf den Tisch legen und diesen Sachverhalt, der „auf der Hand liegt“, für alle offensichtlich darstellen. Aber Vorsicht: Haben Sie Ihre Karten erst einmal offengelegt und liegen falsch, gibt es kein Zurück mehr. Sie haben das Spiel damit automatisch verloren!

2.11. Das Spielergebnis

Wer gewonnen hat

Nach Ablauf des Spiels wird ermittelt, wer im Hinblick auf das jeweilige Spielziel welche Stiche gemacht hat.

Was Sie in jedem Spiel gewinnen können, finden Sie in Kapitel 8, Gewinne.

2.12. Nach dem Spiel

Wenn ein Spiel vorbei ist

Nachdem das Ergebnis eines Spiels ermittelt wurde, ist dieses beendet und das nächste Spiel beginnt. Was in Kurzform „Der Nächste gibt“ genannt wird, bedeutet Folgendes: Die Rollen des Gebers und somit auch des Hebers wechseln im Uhrzeigersinn um eine Position. Oder in anderen Worten ausgedrückt: Der Ausspieler des vorherigen Spiels wird zum Geber und der Geber des vorherigen Spiels wird zum Heber.

3. Das Regelspiel

Wenn kein Bettel oder Mord angesagt wurde

In diesem Kapitel lernen Sie die wichtigsten Elemente des Regelspiels kennen. Es ist die grundlegendste und häufigste Spielart beim Grasobern.

3.1. Zugeben/Stechen

Welche Karte gespielt werden muss

Die beiden Grundprinzipien Farbe-Zugeben und Gras-Ober-Zugeben gelten ganz normal, es muss jedoch nicht gestochen werden.

3.2. Strategien

Wie Sie am besten vorgehen

Das Ziel eines Regelspiels, möglichst nicht den Stich mit dem Gras-Ober und nicht den ersten und den letzten Stich zu machen, können Sie gründsätzlich natürlich dadurch erreichen, dass Sie möglichst gar keine Stiche machen. Insbesondere dann, wenn der Gras-Ober bereits auf dem Tisch liegt und Sie die Wahl haben, die aktuell höchste Karte zu stechen oder eine niedrigere Karte zuzugeben, entscheiden Sie sich für das letztere.

Besonders am Anfang eines Spiels kann es sich aber durchaus lohnen, einen Stich bewusst zu machen. Dies kann sich im weiteren Verlauf aus folgenden Gründen als nützlich erweisen:

- Sie werden eine hohe Karte gleich zu einem Zeitpunkt los, an dem die meisten Spieler wohl noch (fast) jede Farbe zugeben können.
- Sie verhindern damit, dass Sie mit dieser Karte später einen Stich machen (müssen), in dem vielleicht der Gras-Ober enthalten ist.
- Sie verhindern damit, dass Sie mit dieser Karte später den letzten Stich machen (müssen).
- Sie verhindern damit auch, dass ein anderer Spieler einen Schleichmord macht.

Selbst den Gras-Ober nicht zu bekommen kann also auch bedeuten, ihn bewusst einem anderen Spieler zuzuschanzen. Sehen Sie immer zu, dass Sie selbst am günstigsten wegkommen.

4. Der Bettel

Wenn Sie keinen Stich machen dürfen

Im Gegensatz zum Regelspiel, bei dem jeder Spieler gegen jeden spielt, handelt es sich beim Bettel um ein Einzelspiel. Das heißt, der Spielmacher hat alle anderen Spieler als Gegner.

In diesem Kapitel lernen Sie die wichtigsten Elemente eines Bettel kennen.

4.1. Die Ansage

Wie Sie einen Bettel ansagen

Einen Bettel können Sie wie folgt ansagen:

- „Bettel“
- „Ausgebettelt“

4.2. Ausspielen

Wie ein Spiel eröffnet wird

Der Spieler, der den Bettel angesagt hat, wird zum Ausspieler des ersten Stiches. Er darf das Spiel mit einer beliebigen Karte beginnen. Der Gras-Ober spielt bei einem Bettel keine Rolle.

4.3. Zugeben/Stechen

Welche Karte gespielt werden muss

Das Grundprinzip Farbe-Zugeben gilt ganz normal. Außerdem muss immer, wenn möglich, gestochen werden.

4.4. Strategien

Wie Sie am besten vorgehen

4.4.1. Spielmacher

Wie Sie einen Bettel spielen

Da der Spielmacher das Ziel hat, gar keinen Stich zu machen, hat er nur beim allerersten Stich die Möglichkeit, den Spielverlauf zu beeinflussen. Ab dem zweiten Stich liegt das Heft des Handelns bei seinen Gegnern und er kann nur abwarten und auf deren Spielweise reagieren. Versuchen Sie, sich beim Ausspielen des ersten Stiches von der Karte zu befreien, die Sie am wahrscheinlichsten zu einem Stich führen wird, also von einer möglichst hohen Karte. In einigen Fällen kann es ratsam sein, eine „blanke" Karte auszuspielen, um sich von einer kompletten Farbe zu befreien. Spielen die Gegner in den folgenden Stichen diese Farbe erneut, können Sie eine Karte abwerfen und somit loswerden, bei der Sie sonst auch noch „erwischt" werden könnten.

4.4.2. Gegner

Wie Sie einen Bettel bekämpfen

Die Gegner wiederum werden ausloten, in welcher Farbe sie den Spielmacher zu einem Stich zwingen können. Dies kann auf verschiedene Arten geschehen:

- Beide versuchen, sich von einer Farbe zu befreien, indem sie eine blanke Karte ausspielen. Der Mitspieler ahnt dies und spielt hinterher eine niedrige Karte derselben Farbe, um sie dem Spielmacher zum Stechen vorzulegen.
- Wegen der Stechpflicht ist es generell von Vorteil, den Spielmacher in die letzte Position zu bringen. Sitzt der Spielmacher in der Mitte (Position 2 oder 3), bringt es oft relativ wenig, eine niedrige Karte auszuspielen, da diese zwar von ihm, aber auch von Ihren Mitspielern gestochen werden muss. Sitzt der Spielmacher hinten, können ihn die Gegner unter Druck bringen, indem der Ausspieler eine sehr niedrige Karte ausspielt (z. B. eine Sieben) und seine Mitspieler mit möglichst niedrigen Karten (z. B. eine Acht) stechen. Hat der Spielmacher, der zum Schluss an der Reihe ist, eine höhere Karte dieser Farbe, muss er diesen Stich machen und hat somit den Bettel verloren.

4.5. Voraussetzungen

Welche Karten Sie haben sollten

Für die Frage, welche Karten Sie in etwa haben sollten, um einen Bettel ansagen und dann auch erfolgreich gestalten zu können, gibt es erneut keine Regeln. Es handelt sich stattdessen um Erfahrungswerte. Selbstverständlich sind in erster Linie möglichst niedrige Karten erforderlich, um einen eigenen Stich zu vermeiden. Bitte beachten Sie aber: Unter bestimmten Umständen können Sie auch mit den vermeintlich besten Karten einen Bettel verlieren. Die folgenden Erläuterungen dienen daher ausschließlich als Richtschnur dafür, mit welchen Karten Sie auf jeden Fall einen Bettel versuchen sollten:

- Sieben Karten einer Farbe inklusive der Sieben, sehr niedrige andere Karte:
  Bei dieser Konstellation sollten Sie in jedem Fall einen Bettel wagen. Sie beginnen damit, die achte Karte dieser Farbe stechen zu lassen. Damit sind Sie bei dieser Farbe nicht mehr verwundbar. Anschließend müssen Ihre Gegner erst mal herausfinden, bei welcher der drei anderen Farben Sie noch erwischt werden können.
- Sechs Karten einer Farbe inklusive der Sieben oder Acht, niedrige andere Karten:
  Auch bei dieser Konstellation sollten Sie einen Bettel versuchen. Sie beginnen damit, den Gegnern die siebte und achte Karte dieser Farbe zu ziehen, damit Sie bei dieser Farbe nicht mehr verwundbar sind. Dies ist allerdings mit einem gewissen Risiko verbunden: Hat einer der beiden Gegner diese beiden Karten in der Hand, kann er Sie gleich beim zweiten Stich in dieser Farbe erwischen. Trotzdem wird dieser sogenannte „Sechser-Bettel“ gerne gespielt, er verspricht auf jeden Fall sehr viel Spannung.

4.6. Beispiel („Sechser-Bettel")

Wann Sie einen Bettel spielen können

Nach dem Ausgeben haben Sie folgendes Blatt in der Hand.

Aufgabe: Bewerten Sie Ihr Blatt auf einen Bettel hin, indem Sie folgende Fragen für sich beantworten:

- Wie viele Karten habe ich in den jeweiligen Farben?
- In welchen Farben bin ich verwundbar?
- Sage ich einen Bettel an oder nicht?

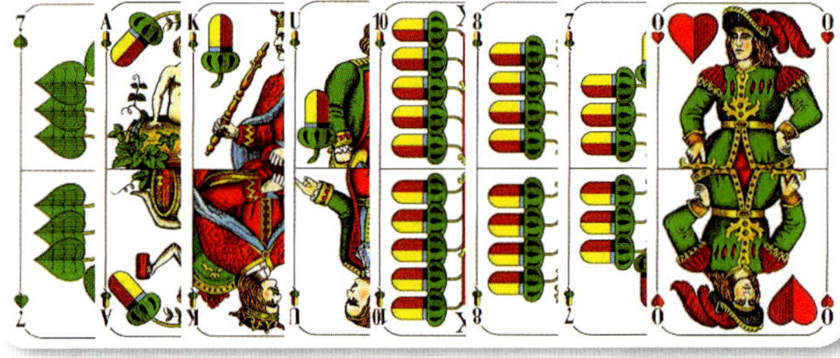

Lösung: Analysieren Sie Ihre Karten nach Farben getrennt. Die Reihenfolge der Farben ist unwichtig. Ich gehe von links nach rechts vor:

1) Von der Farbe Gras haben Sie mit der Sieben die niedrigste Karte und können also in dieser Farbe gar keinen Stich machen. Hier besteht also keine Gefahr für Sie, von den Gegnern erwischt zu werden.

2) Betrachten Sie nun die Farbe Eichel, von der Sie sechs Karten haben und die Gegner somit zwei. Durch das Ausspielen des Unters, der Zehn, der Acht oder der Sieben können Sie den beiden Gegnern je einen Eichel ziehen. Die fehlenden Eichel werden aber nur dann zugeworfen, wenn nicht ein Gegner beide hat. In diesem Fall sticht er Ihr erstes, merkt sofort, dass Sie sechs Eichel hatten und spielt anschließend sofort sein zweites aus. Sie kommen dann mit Eichel-Ass oder Eichel-König zwangsläufig zu einem Stich und haben den Bettel somit verloren.

3) Schauen Sie sich nun Ihre dritte Farbe Herz an. Dadurch, dass Sie die Farbe Eichel beim ersten Stich ausspielen müssen, bleibt Ihnen der Herz-Ober für das weitere Spiel in der Hand, was relativ gefährlich ist. Loswerden können Sie diesen auf eine der folgenden Arten:

   - Ein Gegner spielt Herz-Ass oder Herz-König aus und Sie geben den Ober einfach zu.
   - Ein Gegner spielt eine niedrigere Herz-Karte aus. Sie sind an Position 2 oder 3 und stechen mit dem Ober, aber der/die Gegner nach Ihnen müssen Sie aufgrund der Stechpflicht erneut übertrumpfen.
   - Ein Gegner spielt eine Karte der Farbe Schellen aus, von der Sie keine Karte haben. In diesem Fall können Sie den Herz-Ober einfach abwerfen.

4) Die vierte Farbe Schellen, von der Sie keine Karte haben, wird für Sie keinen Stich einbringen.

Fazit: Obwohl in den Farben Eichel und Herz durchaus die Gefahr besteht, dass Sie einen Stich machen werden, sollten Sie mit etwas Mut diesen Bettel versuchen.

5. Der Mord

Wenn Sie alle Stiche machen müssen

In diesem Kapitel lernen Sie die wichtigsten Elemente der Spielart Mord kennen.

5.1. Die Ansage

Wie Sie einen Mord ansagen

Einen Mord sagen Sie wie folgt an: „Mord".

5.2. Ausspielen

Wie ein Spiel eröffnet wird

Der Spieler, der den Mord angesagt hat, wird zum Ausspieler des ersten Stiches. Er darf das Spiel mit einer beliebigen Karte beginnen. Der Gras-Ober spielt bei einem Mord keine Rolle.

5.3. Zugeben/Stechen

Welche Karte gespielt werden muss

Das Grundprinzip Farbe-Zugeben gilt ganz normal. Dadurch, dass bei einem Mord alle Spieler immer stechen wollen, stellt sich die Frage nach dem Stechen-Müssen erst gar nicht.

5.4. Strategien

Wie Sie am besten vorgehen

5.4.1. Spielmacher

Wie Sie einen Mord spielen

Da der Spielmacher das Ziel hat, alle Stiche zu machen, liegt das Heft des Handelns jederzeit bei ihm selbst. Spielen Sie zuerst die Farbe aus, bei der Sie am wenigsten Risiko haben, einen Stich abzugeben. Auf diese Weise lassen Sie die Gegner möglichst lange im Unklaren darüber, in welcher Farbe Sie eventuell verwundbar sind.

5.4.2. Gegner

Wie Sie einen Mord bekämpfen

Da die Gegner kaum Einfluss auf den Spielverlauf haben, werden sie einfach nur genau beobachten, welche Karten der Spielmacher ausspielt und welche Karten ihre Mitspieler zuwerfen. Aus diesem Beobachten heraus gilt es dann auszuloten, in welcher Farbe und Konstellation Sie dem Spielmacher einen Stich abringen können.

Insbesondere, wenn Sie eine der folgenden Konstellationen in Ihren Karten haben, sollten Sie sich diese bis zum Schluss des Spiels gut aufheben:

- „König zweimal“: Sie haben in einer Farbe den König und noch eine Karte. Es könnte sein, dass der Spielmacher die anderen sechs Karten dieser Farbe hat und nur darauf wartet, dass Sie eine der beiden Karten abwerfen und damit diese Stichmöglichkeit vergeben. Verstärkt wird Ihr Verdacht dann, wenn Ihre Mitspieler keine Karte dieser Farbe abwerfen, weil sie womöglich keine haben.
- „Ober dreimal“: Sie haben in einer Farbe den Ober und zwei weitere Karten. Es könnte sein, dass der Spielmacher die anderen fünf Karten dieser Farbe hat und nur darauf wartet, dass Sie eine der drei Karten abwerfen und damit diese Stichmöglichkeit vergeben. Dies ist wohl der häufigste Fall für den Verlust eines Mordes.
- „Unter viermal“: Sie haben in einer Farbe den Unter und drei weitere Karten. Es könnte sein, dass der Spielmacher die anderen vier Karten dieser Farbe hat und nur darauf wartet, dass Sie eine der vier Karten abwerfen und damit diese Stichmöglichkeit vergeben. Dieser Fall kommt zwar nicht allzu häufig vor, macht aber den Verlust eines Mordes für den Spielmacher besonders bitter.

5.5. Voraussetzungen

Welche Karten Sie haben sollten

Für die Frage, welche Karten Sie in etwa haben sollten, um einen Mord erfolgreich gestalten zu können, gibt es erneut keine Regeln. Es handelt sich stattdessen um Erfahrungswerte. Selbstverständlich sind in erster Linie möglichst hohe Karten erforderlich, um einen Stich der Gegner zu vermeiden. Bitte beachten Sie aber: Unter bestimmten Umständen können Sie auch mit den vermeintlich besten Karten einen Mord verlieren. Die folgenden Erläuterungen dienen daher ausschließlich als Richtschnur dafür, mit welchen Karten Sie auf jeden Fall einen Mord versuchen sollten.

- Je vier Karten zweier Farben inklusive der Asse und Könige: Bei dieser Konstellation können Sie einen Mord wagen. Sie beginnen damit, den Gegnern die fünfte, sechste, siebte und achte Karte der ersten Farbe zu ziehen. Hat einer der beiden Gegner den Ober und die beiden anderen fehlenden Karten dieser Farbe in der Hand, kann er Sie gleich beim dritten Stich in dieser Farbe erwischen.
- Sechs Karten einer Farbe inklusive der Ass, zwei Asse von anderen Farben oder Ass und König einer anderen Farbe: Auch bei dieser Konstellation können Sie einen Mord versuchen. Sie beginnen damit, den Gegnern die siebte und achte Karte der ersten Farbe zu ziehen. Hat einer der beiden Gegner den König und die andere fehlende Karte dieser Farbe in der Hand, kann er Sie gleich beim zweiten Stich in dieser Farbe erwischen.

5.6. Beispiel

Wann Sie einen Mord spielen können

Nach dem Ausgeben haben Sie folgendes Blatt in der Hand:

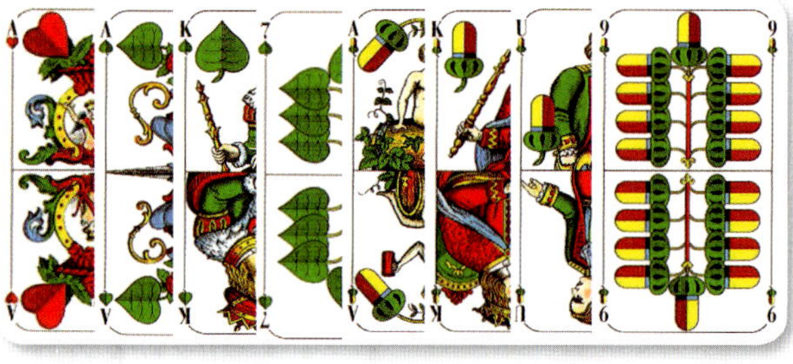

Aufgabe: Bewerten Sie Ihr Blatt auf einen Mord hin, indem Sie folgende Fragen für sich beantworten:

- Wie viele Karten habe ich in den jeweiligen Farbe?
- Wie viele und welche Karten fehlen mir in diesen Farben?
- Welche Karten müsste einer der Gegner haben, damit ich den Mord verliere?
- Sage ich also einen Mord an oder nicht?

Lösung:

1) Betrachten Sie zunächst die Farbe Herz. Von dieser haben Sie nur die Ass, die von den Gegnern nicht gestochen werden kann. Es besteht also keine Gefahr für Sie, den Mord in dieser Farbe zu verlieren.

2) Schauen Sie sich nun Ihre zweite Farbe, in diesem Beispiel Gras, an. Sie selbst haben drei Karten dieser Farbe, Ihre Gegner zusammen also fünf mit dem Ober als höchste Karte. Mit der Ass und dem König kann es Ihnen gelingen, den Gegnern die fünf Gras-Karten zu ziehen. Ihre Gras-Sieben kann nur dann gestochen werden, wenn ein Gegner drei oder mehr Gras-Karten in sich vereinigt hat. Da dies nicht unwahrscheinlich ist, brauchen Sie durchaus etwas Mut, um Ihre „Mord-Absichten" auszuführen.

3) Mit Eichel kommt jetzt Ihre dritte Farbe an die Reihe. Sie selbst haben vier Karten dieser Farbe, Ihre Gegner zusammen also ebenfalls vier mit dem Ober als höchste Karte. Mit der Ass und dem König können Sie jedem Gegner zwei Eichel ziehen. Ihre restlichen Eichel-Karten können nur dann gestochen werden, wenn ein Gegner den „Ober dreimal" in sich vereinigt hat. Da die Wahrscheinlichkeit hierfür relativ gering ist, rechnen Sie hier nicht mit einem Stichverlust.

4) Die vierte Farbe Schellen, von der Sie keine Karte haben, brauchen Sie nicht in Betracht zu ziehen.

Fazit: Wenn Sie mit diesem Blatt einen Mord ansagen, kann dieser in bestimmten Konstellationen verloren gehen. Wenn Sie etwas Mut mitbringen oder wenn Sie von einem Gegner zu einem Mord gereizt werden, sollten Sie ihn aber auf jeden Fall versuchen.

7. Der Schleichmord

Der sogenannte „Schleicher“

In diesem Kapitel lernen Sie die wichtigsten Elemente des Schleichmords kennen.

7.1. Die Ansage

Wie Sie einen Schleichmord ansagen

Ein Schleichmord muss nicht angesagt werden. Er ergibt sich im Lauf eines Regelspiels wie folgt: Stellen Sie (versehentlich oder absichtlich) während des Spiels, spätestens jedoch vor dem drittletzten Stich, fest, dass Sie bisher alle Stiche gemacht haben und wohl auch die verbleibenden Stiche noch machen werden, können Sie ein Regelspiel in einen Schleichmord umwandeln.

Spätestens bevor Sie Ihre drittletzte Karte auf den Tisch legen, klopfen Sie dazu mit einer Faust auf den Tisch, so dass alle Ihre Mitspieler mitbekommen, dass ab jetzt ein Schleichmord angesagt ist, und sich darauf einstellen können.

Hinweis: Alle meine Quellen stimmen mit dieser Beschreibung überein bis auf eine: Der Bayerische Trachtenverband spricht in seinem Buch „Vom Alten zum Zwanzger“ davon, dass nach dem Klopfen „nun die restlichen 4 Stiche auch noch zu machen“[5] sind.

7.2. Strategien

Wie Sie am besten vorgehen

7.2.1. Spielmacher

Wie Sie einen Schleichmord spielen

Wenn Sie sehr hohe Karten haben, den ersten Stich bereits gemacht haben und befürchten müssen, den Stich mit dem Gras-Ober sowie den letzten Stich auch noch zu machen, behalten Sie einen Schleichmord im Auge. Spielen Sie die Karten, die von Ihren Gegnern gestochen werden können. Solange ein Regelspiel im Gang ist, werden Ihre Mitspieler versuchen, diese Karten nicht zu stechen. Auf diese Weise lassen Sie die Gegner möglichst lange im Unklaren darüber, was Sie im Schilde führen. Gelingt es Ihnen, mit Ihren niedrigsten Karten bis zum drittletzten Stich alle Stiche zu machen, bleiben Ihnen für die letzten drei Stiche noch Ihre höchsten Karten übrig, die dann nicht mehr von den Gegnern gestochen werden können.

7.2.2. Gegner

Wie Sie einen Schleichmord bekämpfen

Solange ein Regelspiel im Gang ist, werden Sie selbstverständlich versuchen, möglichst nicht den Gras-Ober in Ihren Stichen zu haben. Das kann dazu führen, dass Stiche gerne einem anderen Spieler überlassen werden. Sobald Sie jedoch vermuten, dass ein anderer Spieler einen Schleichmord plant, kann es sich lohnen, den Stich mit dem Gras-Ober in Kauf zu nehmen, um einen Schleichmord zu verhindern. Sobald ein Spieler vor dem drittletzten Stich einen Schleichmord per Klopfen angekündigt hat, haben seine Gegner kaum mehr Einfluss auf den Spielverlauf. Sie werden einfach nur genau beobachten, welche Karten der Spielmacher ausspielt und welche Karten ihre Mitspieler zuwerfen. Aus diesem Beobachten heraus gilt es dann auszuloten, in welcher Farbe und Konstellation Sie dem Spielmacher einen Stich abringen können.

8. Gewinne

Wenn um Geldbeträge gespielt wird

Während bei Turnieren die Modalitäten vom Veranstalter vorgegeben werden, werden beim gemütlichen Wirtshaus-Spiel nach jedem einzelnen Spiel festgelegte Beträge ausgezahlt.

Wichtig: Erkundigen Sie sich vor dem Spiel über die Tarife, um die bei der jeweiligen Spielart gespielt wird!

8.1. Tarife und Zahlweise

Wer wem wie viel bezahlt

Vor dem Spiel wird ein Grundtarif festgelegt, aus dem der bei jeder Spielart zu zahlende Betrag berechnet wird. In der folgenden Tabelle finden Sie eine Übersicht der Beträge und wie sie üblicherweise ausbezahlt werden.

Hinweis: Bitte betrachten Sie dies als Richtschnur. Gerne können Sie die Spielarten in Ihrer Spielrunde anders gewichten.

Spielart	Betrag	Zahlweise
Regelspiel	Erster und letzter Stich je einfacher Grundtarif	In einen gemeinsamen Topf
	Stich mit Gras-Ober zweifacher Grundtarif	In einen gemeinsamen Topf
Bettel	Dreifacher Grundtarif pro Gegenspieler	Direkt an den/die Gewinner
Mord	Vierfacher Grundtarif pro Gegenspieler	Direkt an den/die Gewinner
Schleichmord	Siebenfacher Grundtarif pro Gegenspieler	Direkt an den/die Gewinner

Der gemeinsame Topf wird am Ende (oder bei Bedarf) unter den Spieler aufgeteilt.

8.2. Vereinfachte Spielweise

Wenn ohne Topf gespielt wird

Wie in Abschnitt 2.7, Ziel des Spiels, angedeutet, gibt es in einigen Gegenden eine vereinfachte Spielweise, bei der der erste Stich eines Regelspiels keine Bedeutung hat. Dort weicht auch die Bezahlung eines Regelspiels ab und es wird kein gemeinsamer Topf gebildet:

Wurden der Stich mit dem Gras-Ober und der letzte Stich von verschiedenen Spielern erzielt, teilen sich die beiden Verlierer den zu zahlenden Betrag. Bei vier Spielern zum Beispiel zahlt jeder der beiden Verlierer den einfachen Grundbetrag direkt an einen der beiden Sieger.

Macht ein Spieler sowohl den ersten Stich als auch den Stich mit dem Gras-Ober, zahlt er den einfachen Grundbetrag an **jeden** seiner Gegenspieler aus.

Hier ein Beispiel aus dem Ort Zaitzkofen (Gemeinde Schierling, Landkreis Regensburg): Dort besteht die Runde aus vier Spielern und der Grundtarif beträgt 0,50 Euro.

Spielart	Betrag	Zahlweise
Regelspiel	Letzter Stich und Stich mit Gras-Ober bei verschiedenen Spielern: je einfacher Grundtarif	Zwei Verlierer direkt an die zwei Gewinner
	Letzter Stich und Stich mit Gras-Ober beim selben Spieler: einfacher Grundtarif pro Gegenspieler	Direkt an die Gewinner
Bettel	Zweifacher Grundtarif pro Gegenspieler	Direkt an den/die Gewinner
Mord	Vierfacher Grundtarif pro Gegenspieler	Direkt an den/die Gewinner
Schleichmord	Zweifacher Grundtarif pro Gegenspieler	Direkt an den/die Gewinner

Quellen

Woher ich meine Informationen habe

Textstellen aus Fremdmaterial sind im Verlauf des Buches mit fortlaufenden Hochzahlen gekennzeichnet und stammen aus folgenden Quellen:

[1] Freund, Marion: Watten – Die Geschichte. URL: http://www.wattn.com/geschich.htm Stand: 26.11.2013

[2] Wikipedia: Watten. URL: http://de.wikipedia.org/wiki/Watten Stand: 15.01.2016

[3] Berchtesgadener Land Tourismus GmbH: Watten. URL: http://www.berchtesgadener-land.com/de/watten/ Stand: 26.11.2013

[4] Bayerischer Schafkopf-Verein e.V., München: Offizielle Schafkopfordnung. URL: ftp://ftp.berlios.de/pub/schafkopf/Schafkopf_Regeln.pdf Stand: 12.02.2013

[5] Sirch, Walter: Vom Alten zum Zwanzger. Bayrische Kartenspiele für Kinder und Erwachsene – neu entdeckt, S. 55, hg. von Bayerischer Trachtenverband e.V., Traunstein 2008

Nachwort

Was ich zum Schluss noch loswerden möchte

Bedanken möchte ich mich sehr herzlich bei meinen Lektoren für ihre Anregungen und Verbesserungsvorschläge.

Ein herzlicher Dank ergeht an alle meine Helfer, ohne die dieses Buch in dieser Form nie zustande gekommen wäre:

Beim Böhmisch Watten standen mir für alle Fragen spieltechnischer Natur Armin Winter, Josef Kammermeier, mein Bruder Markus sowie viele weitere Kartenspielfreunde aus Buchhausen, Schierling und Langquaid zur Seite. Euch allen vielen Dank dafür!

Beim Grasobern konnte ich jederzeit auf die Hilfe der Zaitzkofener und Pinkofener Kartenspielfreunde zählen. Die Männer um Helmut Vierkant halten dieses Kartenspiel in meiner Gegend hoch und sorgen mit dafür, dass es bisher nicht ausgestorben ist. Ich danke Euch und lass uns hoffen, dass das noch lange so bleibt!

Ich hoffe, ich konnte Ihnen mit diesem Buch einen guten Einstieg in das Böhmisch Watten und Grasobern verschaffen. Aber es ist einzig und allein die Übung, die auch bei diesen Spielen den Meister macht. Und genau damit sollten Sie, sei es nun in gemütlicher Runde in einem Wirtshaus oder zu Hause, jetzt beginnen. Dabei wünschen ich Ihnen viel Spaß und allzeit ein gutes Blatt!

weitere Bücher

Worüber ich bisher noch geschrieben habe

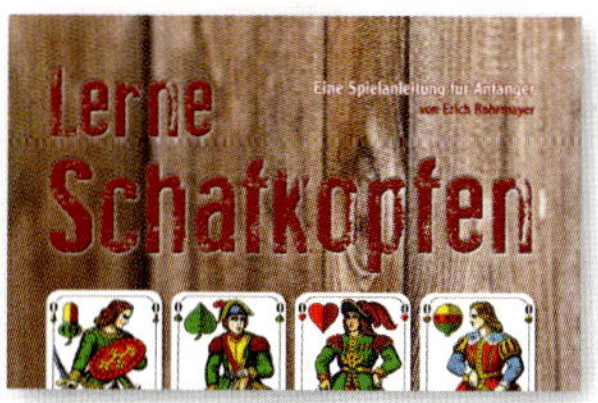

Erich Rohrmayer

Lerne Schafkopfen

Eine Spielanleitung für Anfänger

80 Seiten - durchgehend farbig illustriert -
Wire-o-Bindung mit Umschlag
ISBN: 978-3-95587-009-6
Preis: 9,95 Euro
Buch- und Kunstverlag Oberpfalz
www.buch-und-kunstverlag.de

Schafkopfen gehört wie Bier, Jodeln und Fensterln zur Lebensart, zur Gemütlichkeit und zur Wirtshauskultur in Bayern. Erich Rohrmayer erläutert in dem Büchlein auf leicht verständliche Weise die Regeln des jahrhundertealten Spiels und gibt zahlreiche Tipps, die aus einem Anfänger schnell einen versierten Schafkopfer werden lassen.

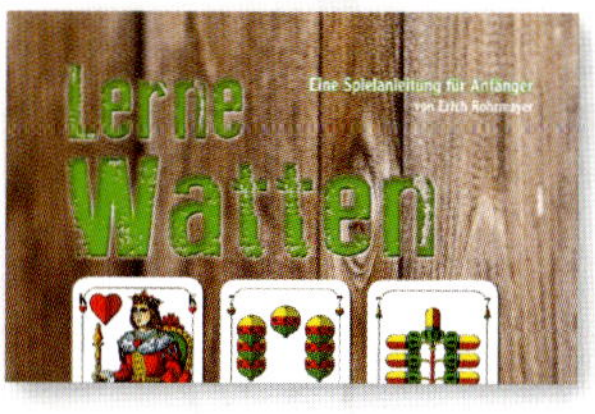

Erich Rohrmayer

Lerne Watten

Eine Spielanleitung für Anfänger

80 Seiten - durchgehend farbig illustriert -
Wire-o-Bindung mit Umschlag
ISBN: 978-3-95587-017-1
Preis: 9,95 Euro
Buch- und Kunstverlag Oberpfalz
www.buch-und-kunstverlag.de

Neben dem Schafkopf ist das Watten wohl das am meisten verbreitete Kartenspiel in Altbayern und damit ebenso aus der bayerischen Wirtshauskultur nicht wegzudenken. Erich Rohrmayer erläutert in dem Büchlein aber nicht nur die Regeln und Spielstrategien, sondern auch die psychologischen und rechtlichen Aspekte dieses Spiels. Für Turnierveranstalter hat er einen Leitfaden entwickelt.

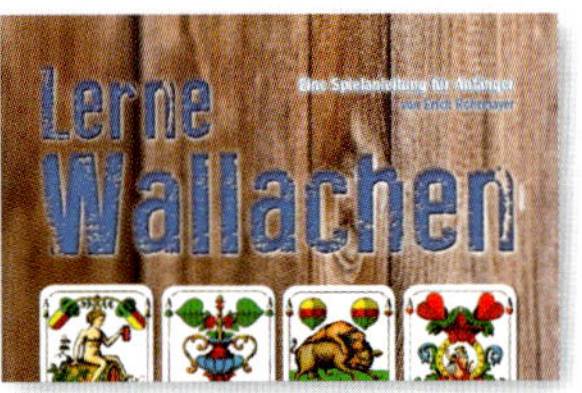

Erich Rohrmayer

Lerne Wallachen

Eine Spielanleitung für Anfänger

80 Seiten - durchgehend farbig illustriert -
Wire-o-Bindung mit Umschlag
ISBN: 978-3-95587-023-2
Preis: 9,95 Euro
Buch- und Kunstverlag Oberpfalz
www.buch-und-kunstverlag.de

Obwohl es großen Spaß macht und man nur drei Spieler braucht, wird Wallachen heute kaum noch gespielt und ist somit vom Aussterben bedroht. Erich Rohrmayer möchte mit diesem Buch einen Beitrag dazu leisten, das Wissen über dieses wunderschöne Spiel weiterzutragen und neue Spieler dafür zu begeistern.

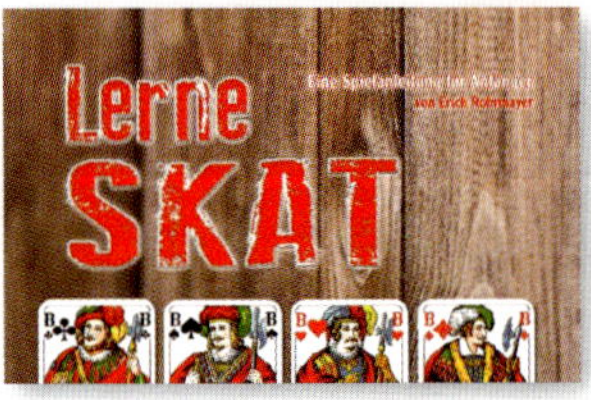

Erich Rohrmayer

Lerne Skat

Eine Spielanleitung für Anfänger

80 Seiten - durchgehend farbig illustriert -
Wire-o-Bindung mit Umschlag
ISBN: 978-3-95587-035-5
Preis: 9,95 Euro
Buch- und Kunstverlag Oberpfalz
www.buch-und-kunstverlag.de

Nachdem seine Lehrbücher über die bayerischen Kartenspiele Schafkopfen, Watten und Wallachen sehr gut angenommen wurden, wagt Erich Rohrmayer mit „Lerne Skat" seinen ersten Ausflug in die Welt der französischen Karten. Schritt für Schritt wird der Leser an die drei Spielarten Farbspiel, Nullspiel und Grand herangeführt. Den wohl beim Skat einzigartigen Vorgang des Reizens behandelt der Autor sehr ausführlich und gibt mit einer selbst zusammengestellten Reiztabelle einen Überblick, auf den Anfänger auch während des Spiels schnell einmal zurückgreifen können.